Spiegelbilder im See

Ingo Michael Simon

Ingo Michael Simon studierte Psychologie und Pädagogik und ist Hypnosetherapeut mit Praxistätigkeiten in Südwestdeutschland und in der Schweiz. Mit Hilfe hypnosegestützter Psychotherapie behandelt er vor allem Menschen mit anhaltenden psychischen Leiden. Angststörungen aller Art und psychosomatische Erkrankungen bilden den Schwerpunkt seiner Praxistätigkeit. Zu seinen therapeutischen Angeboten gehören hauptsächlich Hypnoseanwendungen sowie Quantenheilung und die von ihm selbst entwickelte Traumlandtherapie.

Ausbildungskurse

Ingo Michael Simon bietet regelmäßig Ausbildungskurse zu verschiedenen Therapieformen und Themen an. Aktuelle Informationen und Termine finden Sie auf seiner Homepage www.praxissimon.de.

Spiegelbilder im See

Ingo Michael Simon

Spiegelbilder im See
Trancegeschichten

© 2014 - I. M. Simon

ISBN: 9783732297368
Herstellung und Verlag:
BoD - Books on Demand, Norderstedt
Alle Rechte liegen beim Autor.

Wichtiger Hinweis
Die Inhalte dieses Buches beruhen auf den praktischen Erfahrungen des Autors mit Hypnoseanwendungen und Psychotherapie im Zustand der Trance. Obwohl sich der Autor um größtmögliche Sorgfalt bemüht hat, können Fehler oder Missverständnisse in der Darstellung nicht vollkommen ausgeschlossen werden. Die Texte dieses Buches oder Teile davon können in therapeutische Sitzungen eingebaut werden oder zur Unterstützung therapeutischer Prozesse benutzt werden. Das Buch ersetzt auf keinen Fall die sorgfältige Arbeit eines Arztes oder Heilpraktikers, kann also nicht stellvertretend oder ersatzweise für die Behandlung durch einen Therapeuten verstanden werden. Die therapeutische Arbeit mit Menschen sowie die Anwendung der Texte des Buches obliegen ausschließlich der Verantwortung des Therapeuten. Es kann nicht ausgeschlossen werden, dass Teile dieses Buches falsch verstanden werden oder der Einsatz der Texte des Buches eine ungewünschte Reaktion beim Klienten bewirken kann. Eine Mitverantwortung des Autors besteht auch dann nicht, wenn unter Hinweis auf die Ausführungen dieses Buches mit einem Klienten gearbeitet wird.

Inhaltsverzeichnis

Vorbemerkungen 7
Die wichtigste Beziehung *Beziehungsmuster* 16
Beziehungsspiegel *Beziehungsmuster* 23
Der Fahrgast *Beziehungsmuster* 30
Am Scheideweg *Gehen oder Bleiben* 37
Überblick *Gehen oder Bleiben* 44
Klassentreffen (1) *Freundschaft* 51
Klassentreffen (2) *Feindschaft* 58
Ich nehme das Leben an *Eltern-Kind-Beziehung* 65
Spiegelbilder im See *Ende einer Liebesbeziehung* 72
Zueinander stehen *Zur Beziehung bekennen* 79
Schlusswort 86

Chora'Ana
Institut

Ausbildung, Beratung& Gesundheit

Chora' Ana ist ein Ort der Unterstützung, Kräftigung und Begegnung, der achtsamen Kompetenz und des Wirkens. Wir bringen für Sie Berater, Ausbilder und Therapeuten aus ganz Europa zu Veranstaltungen an *einen* Ort … mitten ins Zentrum von Saarbrücken!

Finden Sie bei uns Ihre Wunschausbildung oder das für Sie passende Beratungs- und Therapieangebot … oder mieten Sie bei uns Ihren Raum und bringen auch *Ihre* Angebote an Beratung, Therapie und Ausbildung nach Saarbrücken!

Sie finden hier Räume mit Wohlfühlfaktor und eine prachtvolle Adresse, um Ihre Kompetenzen in der besten Form zur Wirkung zu bringen. Unsere Behandlungs- und Beratungsräume eignen sich besonders für den alternativ-gesundheitlichen Bereich. Ganz gleich was Sie tun … Sie dürfen sich bei aller Konzentration auch wohlfühlen. Wenn Sie nach einem Arbeitstag unsere Räume verlassen, darf es mit einem Lächeln sein.

Institut Chora' Ana
Bahnhofstraße 38 - 66111 Saarbrücken
Telefon 0681 / 910 31 667
www.Leben-Wissen-Gesundheit.de

Vorbemerkungen

Das Land der Träume
Die Arbeit mit Trancegeschichten ist älter als die Hypnosetherapie. Märchen und Erzählungen haben eine besondere Bedeutung, die in allen Kulturen der Welt weitgehend gleich ist. Sie werden erzählt, um Angst zu vertreiben, um Ruhe zu finden und um den Kindern etwas Lehrreiches mit auf den Weg zu geben. Verpackt in eine Geschichte soll auf Gefahren aufmerksam gemacht werden, sollen Moral und Tugend aufgebaut und gefördert werden und nicht zuletzt sollen böse Geister vertrieben werden. Im Grunde genommen geht es in Märchen immer um etwas Heilsames.

Viele Trancetherapeuten wehren sich sicherlich bei der Behauptung, dass eine Trancereise ein Märchen sei. Das hat wahrscheinlich damit zu tun, dass der Trancereise oder den Trancegeschichten eine therapeutische Absicht anhaftet, was bei den Kindermärchen nicht der Fall ist. Dennoch wirkt das gleiche Prinzip. Unsere Vorstellungskraft wird gefordert. Wir versetzen uns beim Anhören immer in das Märchen oder eben in die Trancegeschichte hinein. Dabei spielt es keine Rolle, ob wir die Geschichte interessant oder albern finden. Wir gehen automatisch in die verschiedenen Figuren und Rollen hinein und machen uns ein Bild davon, was wir wohl selbst tun würden in der einen oder anderen Situation. Märchen beinhalten meistens Elemente, die nicht realistisch sind: Zauberei, Magie oder Wesen, die uns im Alltag nicht begegnen, spielen hier oft eine Rolle. Gleichzeitig ist der Kern der Geschichte doch immer sehr realistisch und gibt Anknüpfungspunkte zu unserem Leben. Die vermittelte Botschaft ist meistens eine Aufforderung, sich gut und ehrbar zu verhalten. Darauf verzichtet Therapie natürlich. Es geht ja nicht darum, einen moralisch guten Menschen zu erziehen, sondern Symptome zu lindern. Es ist jedoch das gleiche Prinzip. Trancegeschichten können Elemente oder Abläufe enthalten, die zauberhaft oder märchenhaft sind. In meinem Buch *Wellen am Horizont* gibt es beispielsweise eine Geschichte, bei der es um einen Freiheitsflug geht. In der Trancegeschichte geht das einfach, indem wir die Arme ausbreiten und fliegen. In der Fantasie ist das kein Problem. Wer hat nicht diese Fantasien, fliegen zu können, zaubern zu können?

Gleichzeitig geht es aber auch um ganz reale Probleme oder im Falle der Behandlung von Krankheiten auch um Symptome. Das Problem des Klienten wird in eine Geschichte verpackt, die ein symbolisches Spiegelbild der Thematik ist. Das wird intuitiv verstanden, so wie wir Metaphern und Vergleiche sehr leicht verstehen. Die von mir entwickelte Traumlandtherapie arbeitet nun mit ganz speziellen Märchen, genau genommen mit einer Märchenwelt, die der Klient selbst mit Leben füllt. Im Unterschied zu vielen anderen Trancegeschichten oder Fantasiereisen gibt es hier keinen vorgezeichneten Handlungsablauf und keine Figuren, denen ich Worte in den Mund lege. Meistens ist der Klient alleine im Land der Träume unterwegs und erkundet seine Emotionen und Bilder seiner Erinnerungen, um neue Wege zu finden. Manchmal trifft er auch Figuren, die in seiner Fantasie von alleine anfangen zu sprechen, ohne dass ich Inhalte oder Worte vorgebe. Die Traumlandreisen sind so aufgebaut, dass verdrängte Gefühle und Ereignisse wiederbelebt werden und auf einer tiefen Gefühlsebene verstanden und verarbeitet werden. Daher kommt die Traumlandreise auch ohne direkte oder verklausulierte Zielsuggestionen aus. Ziele und Wege findet der Klient im Land der Träume selbst. Es handelt sich also weniger um eine tatsächliche Geschichte als um eine Reise durch die eigenen Emotionen. Dabei kann der Zuhörer mehrfach die Perspektive wechseln und seine Probleme von verschiedenen Seiten her betrachten. Im Verlauf der Trancereise kann er außerdem Lösungswege ausprobieren und seine eigene Kreativität und innere Heilkraft wecken. Trancereisen regen immer zum Denken und Fühlen an, können praktisch keinen Schaden anrichten und sind leicht verfügbar. Mit etwas Fantasie können wir uns täglich neue Trancereisen ausdenken und sie unseren Klienten in der Beratung oder in der Therapie anbieten. Wenn sie sich für die Traumlandtherapie interessieren und diese gerne selbst erlernen möchten, besuchen sie mich doch einfach einmal auf der Homepage *www.traumlandtherapie.de* oder informieren sich über Kursangebote zur Traumlandtherapie auf *www.praxissimon.de*.

Sind Trancereisen immer ungefährlich?
Ich werde häufig auf meine Trancegeschichten angesprochen. In meinen Ausbildungsgruppen und von meinen Klienten höre ich immer wieder, dass die Geschichten sehr berührend sein können. Das gilt natürlich vor allem für das Zuhören. Wer die Geschichten für sich selbst lesen möchte, sollte sie auf Tonband sprechen und dann anhören. Das wirkt besser als das einfache Lesen. Ich werde dann sehr oft gefragt, worauf den zu achten sei beim Formulieren einer Trancegeschichte, um Schäden beim Klienten zu vermeiden. Natürlich gibt es gute und weniger gute Trancereisen. Wenn es gelingt, die Trancegeschichten dieses Buches ein bisschen auf den

jeweiligen Klienten anzupassen, werden sie zu ganz individuellen Reisen. Ich fordere alle Kursteilnehmer und natürlich auch alle Leserinnen und Leser dazu auf, gerade das zu tun. Nehmen Sie die Geschichten als Beispiele oder als Grundgerüst und verändern Sie hier und da etwas. Sorgen Sie sich nicht. Sie schaden ihrem Klienten nicht mit einer Geschichte, auch nicht mit einer visualisierten Reise durch seine Emotionen und Gedanken. Doch ich kenne schon das nächste Argument. Was helfen kann, kann auch schaden. Wer hilft, verändert ja etwas. Also kann auch eine negative Veränderung eintreten.

Ich bleibe stur. Trancegeschichten sind keine Tricksuggestionen, die den Klienten manipulieren sollen. Es ist immer hilfreich, die eigenen Stimmungen und Gedanken anzuschauen und damit umzugehen. Natürlich werden Trancereisen nicht einfach nur vorgelesen. Berater, Geistheiler oder Therapeuten sind als Ansprechpartner da, sie greifen die Gefühle und die Äußerungen der Klienten auf und helfen ihnen, diese zum Ausdruck zu bringen. Wir geben unseren Klienten Raum, da zu sein und sich zu öffnen. Ich versichere ihnen, dass das Gegenteil viel dramatischer ist: Schweigen, Ablenken und nicht darüber reden oder nicht einmal an die Probleme denken. Das führt zu einem immer größer werdenden inneren Druck, der die Problematik verschlimmert. Sie finden in diesem Buch auch eine Trancereise, die für Menschen gedacht ist, die einen Suizidversuch überlebt haben, und eine weitere für Menschen, die deutliche Suizidgedanken haben. Ich möchte sie ausdrücklich dazu ermuntern und sie darin bestärken, gerade mit suizidalen Menschen zu reden, ihnen Hilfe anzubieten. Entgegen der weit verbreiteten Alltagsmeinung, dass jemand, der einen Selbsttötungsversuch unternommen hat, besser nicht mehr darauf angesprochen wird und durch Ablenkung und Aufzeigen des Schönen ins Leben zurückgeholt werden sollte, versichere ich ihnen, dass es am wichtigsten ist, darüber zu reden. Niemand wird durch das Sprechen über seine Suizidgedanken oder seinen Suizidversuch in den Tod getrieben. Das Gegenteil ist der Fall. Jedes Sprechen darüber, sofern es frei von Aufforderungen, Anweisungen und Kommandos oder gar Schuldzuweisungen und Moralpredigten ist, hilft beim Überleben und wichtiger noch - beim Weiterleben. Lesen sie die beiden Trancereisen und entscheiden sie selbst, ob sie damit arbeiten wollen.

Wie können die Geschichten eingesetzt werden?
Jede Geschichte beginnt mit einem kleinen Einleitungsteil, den ich kursiv und in Klammern dem eigentlichen Trancetext vorangestellt habe.

Wenn Sie eine Fantasiereise zur Entspannung vorlesen oder um einen Menschen das betreffende Thema betrachten zu lassen, ohne vorher mit ihm therapeutisch gearbeitet zu haben, sollten Sie diese Einleitung vorlesen. Jeder Tagtraum dieses Buches, auch so kann eine Trancegeschichte genannt werden, dauert ca. zehn bis fünfzehn Minuten, je nach Lesetempo. Ich habe das ganz gezielt so gewählt, damit die Trancereisen auch in therapeutische oder Beratungssitzungen eingebaut werden können. Dort eignen sie sich zum Abschluss oder als integrierter Teil einer Sitzung, die bei den meisten Therapeuten fünfundvierzig bis neunzig Minuten dauert.

Im Text habe ich Lücken gelassen, die ich mit Pünktchen ausgefüllt habe … … Diese sollen den Lesefluss verlangsamen. Es ist wichtig, nicht zu schnell zu lesen, um dem Zuhörer und seinem Unterbewusstsein Gelegenheit zu geben, das Gehörte nachzuempfinden und eine bildhafte Vorstellung dazu zu entwickeln. Lassen Sie ruhige Instrumentalmusik im Hintergrund laufen. Das erleichtert die Entspannung und erhöht die Wirkung der Trancegeschichten.

Ich verzichte auf eine theoretische Erklärung der Wirkungsweise von Trancegeschichten und darüber, welche Wörter man benutzen oder lieber weglassen sollte, wenn man solche Geschichten schreibt oder frei formuliert. Probieren Sie die

Tagträumereien einfach einmal aus und versuchen Sie doch einmal nach einiger Zeit, selbst eine Fantasiereise zu schreiben. Sie werden sehen, dass es vor allem auf die liebevolle und zärtliche Grundhaltung beim Formulieren und beim Lesen oder Sprechen ankommt, auf Respekt und ehrliche Akzeptanz. Das ist dann schon mehr als genug, um eine gute und auch therapeutische Wirkung zu erzielen.

Während sich mein Buch *Wellen am Horizont* vor allem mit emotionalen Themen befasst und *Heilsame Fantasien* mit körperlichen Problemen und Erkrankungen, geht es in diesem Buch um Situationen, die zu einem Bruch im Leben geführt haben, zum Verlieren des Lebensmutes oder zum leidvollen Stillstehen, aus dem kein subjektiver Ausweg gefunden werden konnte. Es versteht sich von selbst, dass eine Behandlung durch einen Arzt oder Heilpraktiker nicht durch Trancereisen ersetzt werden kann. Sie können aber helfen, die inneren Kräfte zu mobilisieren, um Veränderungs- oder Heilungsprozesse zu unterstützen. Die Trancegeschichten können also von Therapeuten oder von Lebensberatern benutzt werden und in die Sitzungen mit Klienten eingebaut werden. Natürlich kann auch jeder Laie die Geschichten vorlesen und damit helfen. Lassen sie einfach etwas ruhige Instrumentalmusik laufen und lesen sie etwas langsamer und auch leiser als sie normalerweise sprechen. Probieren sie es aus und sehen Sie selbst, wie einfach das ist. In meiner Praxis nehme ich die frei gesprochenen Trancereisen immer auf, indem ich ein digitales Diktiergerät mitlaufen lasse und meinen Klienten dann eine Audio-CD brenne, die sie direkt mitnehmen können. So können sie die Trancereise immer wieder anhören und immer neue Facetten ihrer Probleme betrachten, verschiedene Lösungsideen entwerfen und schließlich neue Wege beschreiten. Beachten sie bitte bei Tonaufnahmen die Lizenzierung der benutzten Musik. Das ist urheberrechtlich vorgeschrieben und es gebietet die Fairness dem Komponisten gegenüber. Auf Seite 6 des Buches finden sie eine Bestellmöglichkeit für lizenzierte Musik, die auch ich für die Traumlandtherapie benutze.

Und nun wünsche ich Ihnen viel Spaß mit den Fantasiereisen und angenehme Tagträume!

Die wichtigste Beziehung

Erkunden von Beziehungsmustern

[Beziehungen zu anderen Menschen prägen uns. Angefangen bei den frühesten Beziehungen zu den Eltern über Geschwister und Freunde bis hin zu unseren Lebenspartnern oder Lebensabschnittspartnern, lernen wir von jeder einzelnen Beziehung unseres Lebens. Heute kannst du einen Teil von dir entdecken, kannst mit der heutigen Trancereise der wichtigsten Beziehung für deinen Lernprozess begegnen, um heute mehr über dich selbst und von dir selbst zu erfahren.]

Du kannst heute eine ganz besondere Reise antreten, eine Reise an einen Ort, an dem es nur um dich geht ... ... Spüre den Rhythmus deines Körpers, der sich mit deiner Atmung wie eine Welle auf und ab bewegt ... ... Stell dir dabei vor, dass die Wellen deines Körpers dich fort tragen wie die Wellen des Ozeans es könnten ... ... Auf den Wellen deiner Atmung, getragen vom Geräusch deines ausströmenden Atems, gehst du in das Land deiner Träume ... ... Hier wirst du zum Entdecker, der alles finden kann, denn alles war immer schon da und kann gesehen werden, wenn die richtige Zeit dafür gekommen ist ... ...

Du stehst im Land der Träume und lässt deinen Blick in die Ferne schweifen ... ... Du genießt den schönen Tag hier und überlegst dir, dass du heute im Land der Träume etwas besonderes finden kannst ... ... Du kannst heute etwas über dich und die Beziehungen in deinem Leben erfahren ... ... besser erkennen, worauf es dir ankommt und was dich leitet in deinen Beziehungen ... ... In der Ferne siehst du einen See, der in vielen Farben glänzt ... ... Er funkelt an seiner Oberfläche ... ... Du siehst rot und blau und silbern ... ... grün und viele Farben mehr ... ... Und weil dir dieses Spiel der verschiedenen Farben interessant vorkommt, diese unterschiedlichen Farben und Muster, gehst du los ... ... Du machst dich auf den Weg, um diesen See zu erreichen und ihn dir von der Nähe anzuschauen ... ... Was mag sich hinter den Farben wohl verbergen? ... ... Was macht den See so einzigartig und farbenfroh? ... ... so vielfältig und besonders? ... ... Schritt für Schritt näherst du dich dem See ... ... Du kommst immer näher und näher ... ... siehst das Spiel der Farben immer deutlicher ... ... vor allem siehst du rot und blau und silbern ... ...

Du erreichst den See und stehst am Ufer ... ... Dann fällt dir auf, dass das kein Wasser ist, sondern lauter farbige Kugeln, die im Becken des Sees liegen ... ... wie ein riesiges Bällchen-Bad, in dem Kinder gerne in Möbelhäusern spielen ... ... nur sind die bunten Bälle hier größer ... ... so groß wie Medizinbälle ... ... Du gehst in das Becken hinein und weiter zur Mitte ... ... Es ist flach, sodass du nur bis zu den Knien tief zwischen den Bällen stehst ... ... Du schaust noch genauer hin und bemerkst, dass es eigentlich Kugeln sind ... ... sie fühlen sich glatt und fest an, wie Glaskugeln, doch gleichzeitig so leicht wie Bälle ... ... Du stehst im See und schaust am Ufer entlang ... ... Dort entdeckst du ein großes Schild auf einer Seite des Sees ... ... Auf dem Schild steht „Treffpunkt der Beziehungen" ... ... Dann verstehst du plötzlich, dass die Kugeln im See deine Beziehungen zeigen ... ... Jede einzelne steht für einen Menschen, den du in deinem Leben irgendwann einmal begegnet bist ... ... Beziehungen haben wir ja in irgendeiner Art und Weise zu jedem Menschen ... ... Die Farben der Bälle haben Bedeutungen ... ... die roten stehen für die schmerzhaften Beziehungen deines Lebens, für alle, die mit vielen Konflikten und mit Streit behaftet waren ... ... oder in einem schlimmen Streit zu Ende gingen ... ... die blauen Kugeln stehen für die Beziehungen, die von sehr viel Harmonie getragen waren ... ... in denen es wenig Auseinandersetzungen gab und immer wieder ein konstruktives Miteinander gefunden wurde ... ... Du siehst einige rote Ku-

geln und auch einige blaue … … und viele andere Farben, denn jede Beziehung hat eine besonderen Beitrag zu deiner Entwicklung geleistet … … jede hatte ihren besonderen Sinn … … Manche Kugeln sehen auch so bunt aus wie ein Regenbogen, weil sie ganz viele Facetten hatten … … Wahrscheinlich geht es in all unseren Beziehungen immer um viele Aspekte, doch manche Aspekte stehen eben sehr im Vordergrund … …
… … Dann entdeckst du plötzlich eine goldene Kugel zwischen all den anderen Farben … … und weit und breit gibt es nur diese eine goldene Kugel … … Sie ist größer als die anderen, und sie leuchtet und glitzert heller und schöner … … Du gehst zu der goldenen Kugel … … Sie steht für die wichtigste Beziehung in deinem Leben … … für die Beziehung, die dir heute am meisten über dich selbst verraten kann … … Du nimmst die Kugel in beide Hände … … Die Wände sind transparent, du kannst hinein sehen … … und in der Kugel siehst du ein Bild von der Person, für die diese goldene Kugel steht … … Jetzt … … Schau genau hin … … welches Bild auch immer sich dir nun zeigt oder welche Person dir in den Sinn kommt … … Nimm das Bild an, denn in genau diesem Moment ist diese Person diejenige mit der größten Bedeutung für dein Leben … … Vielleicht siehst du das Bild schon oder hast schon den Namen der Person in deinen Gedan-

ken ... ... oder dieser Gedanke kommt in wenigen Augenblicken ... ... Du erinnerst dich an die Zeit mit diesem Menschen und an die gemeinsamen Erlebnisse und Ereignisse ... ... Lass die Erinnerung einfach da sein ... ... Lass das Bild einfach da sein ... ... Es ist wichtig, dass du genau diese Person jetzt da sein lässt, auch dann, wenn die Beziehung zu ihr vielleicht nicht so schön war oder immer noch schwierig ist ... ... auch dann, wenn es Ungelöstes oder Unverziehenes geben sollte ... ... Du spürst wieder deine Ziele in dieser Beziehung ... ... du erinnerst dich an das, was du dir einst von ihr versprochen hast ... ... vielleicht ist es eingetreten ... ... oder eben nicht ... ...

Du schaust dir die Bilder deiner Erinnerung einfach in Ruhe an und dein Inneres lernt wie von selbst ... ... Du lernst ganz tief in dir drin, zu verstehen, was du dir von dieser und von vielen anderen Beziehungen versprochen hast ... ... was du am meisten suchst und brauchst ... ...

... ... es wird dir klar, dass du deine Wünsche und Sehnsüchte in deine Beziehungen einbringst und damit auch versuchst, Beziehungen so zu beeinflussen, dass sie erfüllt werden ... ... Das ist menschlich und es ist in Ordnung ... ... Es kommt gleichzeitig immer wieder darauf an, auch die Wünsche und Bedürfnisse des anderen zu sehen ... ... des Partners in der Beziehung ...

… ob in einer Freundschaft … … bei Verwandten oder in einer Paarbeziehung … … Dein tiefes Inneres, dein Unterbewusstsein lernt, beide Interessen zu betrachten und auf die gleiche Ebene zu stellen, als gleichrangige Bedürfnisse … … sehen und gesehen werden … … annehmen und angenommen werden … … lieben und geliebt werden … … und genau das kannst du durch die Beziehung zu dieser Person in der goldenen Kugel am schnellsten verstehen … … vielleicht ging es bisher noch nicht so gut oder es hatte gar nicht funktioniert … … dann musste das so sein, doch heute ist es anders … … Heute lernst du von dieser Beziehung, wie das geht, eigene Interessen und die Bedürfnisse des anderen gleichzeitig zu sehen … …

Du nimmst die goldene Kugel mit und gehst zum Ufer … … Du trägst sie bei dir, um immer mehr zu lernen und dich selbst mit deinen Interessen und Bedürfnissen immer klarer zu erkennen … … um jeden Tag die Kraft der Erkenntnis in ihr zu nutzen … … dich selbst immer besser zu verstehen … … von dir selbst zu lernen … … Mit der goldenen Kugel unter dem Arm gehst du dem Horizont entgegen … … Auf dem Weg dorthin denkst du noch einmal darüber nach, dass das Land der Träume ganz tief in dir drin ist … … Dort war es schon immer, ich erzähle dir nur davon … …

[Deine Gefühle fließen wie sanfter Wind durch deinen Körper. Spüre, wie du mit jedem weiteren Atemzug vom Gefühl zurück zu deinen Gedanken kommst, um wieder hier zu sein. Zurück von deiner Reise machst du dir klar, dass du dich hier im Raum befindest, auf der Unterlage, auf der dein Körper sitzt/liegt. Du bist wieder hier im Raum. Deine Muskeln spannen sich, stellen Arbeitsbereitschaft her und warten darauf, sich wieder zu bewegen. Sobald du denkst, dass du wach genug bist, öffnest du einfach deine Augen.]

Beziehungsspiegel

Erkunden von Beziehungsmustern

[In Beziehungen zu anderen Menschen betrachten wir oft das Verhalten des anderen. Dann versuchen wir zu verstehen, was die Person antreibt, was sie in die Beziehung einbringt. Mit uns selbst befassen wir uns auch, doch wir glauben dann schnell, dass wir unsere eigene Motivation und unser eigenes Beziehungsverhalten gut kennen. Doch manchmal täuschen wir uns auch und sehen bei uns nur das, was wir gerne glauben möchten. Im Land der Träume kannst du mehr über dich erfahren.]

Du kannst heute eine ganz besondere Reise antreten, eine Reise an einen Ort, an dem es nur um dich geht … … Spüre den Rhythmus deines Körpers, der sich mit deiner Atmung wie eine Welle auf und ab bewegt … … Stell dir dabei vor, dass die Wellen deines Körpers dich fort tragen wie die Wellen des Ozeans es könnten … … Auf den Wellen deiner Atmung, getragen vom Geräusch deines ausströmenden Atems, gehst du in das Land deiner Träume … … Hier wirst du zum Entdecker, der alles finden kann, denn alles war immer schon da und kann gesehen werden, wenn die richtige Zeit dafür gekommen ist … …

Du siehst vor dir einen kleinen Regenbogen, der wie ein Torbogen ist, unter dem du hindurch gehen kannst … … Du gehst unter ihm hindurch … … Und plötzlich leuchten ganz viele Regenbögen auf, die hintereinander stehen … … wie ein farbenfroh beleuchteter Tunnel, durch den du gehst, schreitest du von Regenbogen zu Regenbogen auf dem Weg zu dir selbst … … mit jedem Bogen kommst du deiner inneren Mitte näher … … deinen Geheimnissen und deinen verborgenen Gefühlen … … Du gehst von Regenbogen zu Regenbogen … … Nach einer Weile erreichst du den letzten Regenbogen, denn du bist längst schon tief genug in deiner eigenen Welt angekommen … … Du stehst auf einer Straße … … Du schaust dich um, doch außer dieser Straße kannst du nichts erkennen … … rechts und links neben der Straße ist dichter Nebel, denn nur dieser Weg ist jetzt wichtig … … nur dieser Weg … …

… … Du gehst voller Vertrauen weiter … … Am Rand des Weges stehen drei silberne Spiegel … … Du gehst zu dem ersten silbernen Spiegel … … An dem Spiegel gibt es ein kleines Schild, auf dem steht „Spiegel der Wünsche" … … Dieser Spiegel zeigt dir, was du von einer Beziehung zu einem Partner erwartest oder was du von deinem Partner erwartest … … Sieh hinein und betrachte, was du dort siehst … … Lass das Bild deutlich werden … … Sieh genau hin, dann erkennst du es auch ... ... Doch selbst, wenn du es jetzt noch nicht erkennen kannst - Es ist hier! Das, was du am meisten erwartest, wartet in diesem Spiegel auf dich ... ... Vielleicht hast du mit dem, was du jetzt sehen kannst gerechnet, vielleicht aber bist du auch überrascht und hast geglaubt, dass du etwas anderes erwartest ... ... Doch hinter diesem Wunsch gibt es noch mehr ... ... Mit einem großen Schritt gehst du in den Spiegel hinein, der wie ein Fenster zu deiner Seele ist ... ... Du stehst im Spiegel und findest hier, was du wirklich wünschst ... ... Hier warten deine wahren Erwartungen, auch und gerade das, was dein Verstand nicht gerne sieht ... ... Was auch immer du hier findest, es ist ein Zeichen für deine wahren Wünsche ... ... wie ein Symbol vielleicht ... ... Nimm das Bild oder das Gefühl, das du hier erlebst also an, denn es gehört zu dir und drückt deine Wünsche in Beziehungen aus ... ... Während du einfach ruhig im Spiegel stehst, lernt dein tiefes Inneres, dich selbst zu deinen wahren Wünschen und Bedürfnissen zu bekennen ... ... sie deutlich zu spüren und ihnen Raum zu geben ... ... *[eine gefühlte Minute Zeit geben]* ... ... Dann gehst du mit einem großen Schritt wieder nach draußen auf den Weg ... ... Dein Inneres lernt weiter für dich, wie das am besten geht, dich zu deinen Wünschen zu bekennen ... ... Du stellst dich vor den nächsten Spiegel, auf dem steht „Spiegel der Absichten" ... ... Wenn du in diesen Spiegel schaust, kannst du deine eigenen Absichten in deiner Beziehung erkennen ... ... Pläne und Ziele, die du oft verfolgst ... ... vielleicht Dinge, die du gerne bestimmen willst ... ... Veränderungen, die du gegen den Willen deines Partners durchsetzen willst ... ... Vielleicht willst du sogar manchmal deinen Partner verändern ... ... auch das könnte zu deinen Plänen gehören ... ... Du siehst im Spiegel ein Bild, das dir zeigt, welche Absichten du verfolgst ... ... Doch du weißt, dass der Spiegel dir am einfachsten das zeigen kann, was du glauben willst ... ... also gehst du mit einem großen Schritt in den Spiegel ... ... Du kannst einfach hinein gehen, als würdest du durch ein Fenster in deine Seele gehen können ... ... Hier im Inneren des Spiegels findest du deine wahren Absichten ... ... und die sind anders als das, was du erwartet hast ... ... Lass sie einfach da sein, denn alles ist in Ordnung ... ... Es ist ganz normal, dass wir heimliche Absichten in Beziehungen haben ... ... Wichtig ist nur, dass wir uns dieser Absichten eines Tages bewusst werden, um sie zu hinterfragen ... ... Dein Inneres hilft dir dabei, zu entscheiden, ob die gefundenen Absichten und Ziele gut für dich und deine Beziehung sind oder ob du sie ändern wirst ... ... Du selbst hast die Entscheidung ... ... *[eine gefühlte Minute Zeit geben]* ... ... Dann gehst du mit einem großen Schritt wieder nach draußen auf den Weg ... ... Dein Inneres lernt weiter für dich, wie das am besten geht, deine Absichten auszuwerten und dich dafür oder dagegen zu entscheiden ... ... Du stellst dich vor den nächsten Spiegel, auf dem steht „Spiegel der Macht" ... ... In allen Beziehungen wird Macht ausgeübt, manchmal sehr deutlich und brutal, sehr oft aber auch dezent und subtil ... ... Wenn du in diesen Spiegel schaust, siehst du, mit welcher Macht du oft konfrontiert bist in deiner Beziehung ... ... Du siehst, wo und wie über dich Macht ausgeübt wird ... ... vielleicht sehr oft ... ... oder nur manchmal ... ... Doch du willst mehr erfahren ... ... Du willst auch erfahren, wo und wie du selbst Macht ausübst in der Beziehung zu deinem Partner ... ... Also gehst du mit einem großen Schritt in den Spiegel hinein und stehst mitten drin ... ... mitten in deiner eigenen Macht ... ... Du siehst hier, wie du Macht ausübst ... ... Lass es einfach zu, denn auch das gehört zu dir ... ... auch das ist eine Seite von dir, die du betrachten kannst ... ... Vielleicht ist diese Macht notwendig ... ... oder sie hilft dir beim Durchsetzen deiner Interessen ... ... möglicherweise ist sie auch ein Schutz ... ... Lass das Gefühl deutlich werden, spüre, was dich antreibt ... ... welches Gefühl dich zur Macht verleitet ... ... Angst? ... ... Wut? ... ... oder auch ein anderes Gefühl ... ... *[eine gefühlte Minute Zeit geben]* ... ...

... ... Du gehst weiter und denkst über all das nach, was du gefunden hast ... ... Du erkennst, dass Wünsche, Absichten und Macht ganz eng zusammen hängen ... ... vielleicht hast du sogar in allen Spiegeln ähnliche Bilder gesehen, möglicherweise sogar immer das gleiche ... ... Was wir als Wünsche und Absichten in Beziehungen tragen, verleitet uns dazu, Macht einzusetzen, um diese durchzusetzen ... ... Du lässt deine Bilder intensiv werden und auch alle Gefühle, die zu ihnen gehören ... ... Du vertraust darauf, dass dir die gefundenen Gefühle und Bilder dabei helfen, dich selbst weiter zu entwickeln und deine Absichten und Ziele konstruktiv in deine Beziehung einzubringen oder sie so zu verändern, dass sie hilfreich für deinen Partnerschaft sind ... ...

... ... Dein Inneres stellt sich ganz darauf ein, deine Anteile der Beziehung ins Bewusstsein zu transportieren ... ... deine Wünsche ... ... deine Absichten ... ... dein Machtausüben ... ... Du gehst wieder unter den Regenbögen hindurch und am letzten Regenbogen wartet dein wacher Alltag auf dich ... ... Auf dem Weg dorthin denkst du darüber nach, dass das Land der Träume ganz tief in dir drin ist. Dort war es schon immer. Ich erzähle dir nur davon ... ...

[Deine Gefühle fließen wie sanfter Wind durch deinen Körper. Spüre, wie du mit jedem weiteren Atemzug vom Gefühl zurück zu deinen Gedanken kommst, um wieder hier zu sein. Zurück von deiner Reise machst du dir klar, dass du dich hier im Raum befindest, auf der Unterlage, auf der dein Körper sitzt/liegt. Du bist wieder hier im Raum. Deine Muskeln spannen sich, stellen Arbeitsbereitschaft her und warten darauf, sich wieder zu bewegen. Sobald du denkst, dass du wach genug bist, öffnest du einfach deine Augen.]

Der Fahrgast

Erkunden von Beziehungsmustern

[Wir haben alle eine Vorstellung davon, welche Menschen uns am meisten geprägt haben in unserem Leben. Wir kennen unsere Vorbilder und auch solche Menschen, die uns beeinflusst aber nicht gut getan haben. Doch häufig haben auch Personen einen sehr großen Einfluss auf uns, von denen wir das nicht wissen. Wir denken selten an sie, weil wir uns nicht darüber im Klaren sind, dass sie so wichtig für unsere Entwicklung waren. Solch eine Person kannst du im Land der Träume finden.]

Du kannst heute eine ganz besondere Reise antreten, eine Reise an einen Ort, an dem es nur um dich geht … … Spüre den Rhythmus deines Körpers, der sich mit deiner Atmung wie eine Welle auf und ab bewegt … … Stell dir dabei vor, dass die Wellen deines Körpers dich fort tragen wie die Wellen des Ozeans es könnten … … Auf den Wellen deiner Atmung, getragen vom Geräusch deines ausströmenden Atems, gehst du in das Land deiner Träume … … Hier wirst du zum Entdecker, der alles finden kann, denn alles war immer schon da und kann gesehen werden, wenn die richtige Zeit dafür gekommen ist … …

Du hörst ein Geräusch, das dich an fahrende Züge erinnert und versuchst zu erkunden, woher es kommt ... ... Du lässt deinen Blick über das Traumland schweifen und entdeckst ganz in deiner Nähe ein Gleis ... ... Dann siehst du den Zug kommen, der über dieses Gleis fährt und du siehst, dass er langsamer wird ... ... Er hält schließlich sogar an, obwohl es hier keinen Bahnhof gibt ... ... Du gehst zum Gleis, gehst zu dem haltenden Zug ... ... ganz nah heran ... ... Die Türen des Zuges öffnen sich alle, doch niemand steigt aus oder ein ... ... Nur du bist hier ... ... nur du ... ... Dann fällt dir auf, dass an den einzelnen Wagen Zahlen und Namen stehen ... ... Du gehst näher an den Zug heran und stehst an einem Wagen, auf dem dein Name steht ... Dort steht ...*[Name des Klienten nennen]* ... und daneben steht die Zahl ... *[Geburtsjahr oder Geburtsdatum des Klienten nennen]* ... Es ist dein Wagen, denn er trägt deinen Namen und die Zahl deines *Geburtsjahrs/Geburtstags* ... ... Du beschließt einzusteigen ... ...

... ... Du steigst in den Wagen, der vollkommen leer ist ... ... Niemand ist hier, so hast du die freie Platzwahl ... ... Du findest einen ganz bequemen Platz, an dem du dich wohl fühlen kannst. Du machst es dir so richtig bequem in deinem Zug ... ... Dann spürst du einen kleinen Ruck und die Fahrt geht weiter ... ... Der Zug fährt los und du bist der einzige Fahrgast ... ... Also genießt du die Fahrt und schaust aus dem Fenster ... ... Du schaust dir die Landschaft an, kommst an Feldern und Wiesen vorbei ... ... kannst den Tieren auf den Weiden zusehen und einfach darauf vertrauen, dass dich der Zug ans richtige Ziel bringen wird ... ... Unterwegs denkst du darüber nach, wie deine Eigenarten dir immer wieder in deiner Beziehung begegnen, wie du immer wieder feststellst, dass es die gleichen Wünsche und Sehnsüchte sind, die du hast ... ... dass dich bestimmte Ereignisse oder Worte verletzen oder wütend machen können ... ... dass du einen ganz bestimmten Charakter anziehend und interessant findest ... ... und du denkst auch darüber nach, dass bestimmte Schwierigkeiten dich von Beziehung zu Beziehung zu begleiten scheinen ... ... Manchmal ist es dir schon so vorgekommen, dass ein Fluch auf dir liegen könnte ... ... Vielleicht überlegst du, wo das herkommt, dass du bestimmte Zusammenhänge immer wieder erlebst ... ... All das hat mit deiner Entwicklung und Prägung zu tun ... ... mit Erfahrungen und Begegnungen, die schon lange zurück liegen ... ... Die Menschen, bei denen oder mit denen du aufgewachsen bist, haben dich beeinflusst und geprägt ... ... Dein Kontakt zu ihnen, euer Miteinander hat bei dir Eindruck hinterlassen ... ... Manchmal prägt uns die Er-

fahrung mit einem Menschen, von dem wir nicht annehmen würden, dass genau er oder sie einen wirklich großen Einfluss auf unser eigenes Verhalten in Beziehungen nehmen würde ... ... Vielleicht möchtest du gerne einen Blick auf deine eigene Vergangenheit werfen und finden, welche Person dich am meisten beeinflusst hat ... ... Vielleicht hilft es dir, ähnliches Verhalten zu erkennen oder einfach, dich selbst besser zu verstehen ... ...
Der Zug wird langsamer, du spürst es deutlich ... ... Er nähert sich einem Bahnhof ... ... es ist ein kleiner Bahnhof in einer menschenleeren Gegend ... ... Der Zug hält an ... ... Du wartest ... ... Die Tür deines Wagens öffnet sich, und es scheint jemand einzusteigen ... ... Dann siehst du eine Gestalt zunächst wie ein Schatten ... ... Die Tür deines Abteils öffnet sich und eine Person aus deinem Leben tritt ein ... ... Der Mensch aus deinem Leben, der dich am meisten geprägt hat, kommt zu dir in dein Abteil ... ... Du bist vollkommen ruhig und entspannt, wer auch immer es ist, denn hier im Land der Träume bist du in vollkommener Sicherheit ... ... Diese Person setzt sich dir gegenüber ... ... Dieser Mensch, der jetzt bei dir ist, hat dein eigenes Verhalten am meisten beeinflusst, hat dich am meisten geprägt ... ... vielleicht wusstest du das und hast mit genau diesem Menschen auch gerechnet ... ...

oder aber du bist überrascht, gerade ihn oder sie hier zu treffen ... ... möglicherweise willst du auch gar nicht, dass dich gerade dieser Mensch geprägt und geformt haben soll ... ... Doch wer auch immer es ist, diese Person zeigt sich dir nur dann in deinen inneren Bildern oder in deinen Gedanken, wenn sie tatsächlich mit ihrem Dasein, mit ihren Worten oder Taten deine Entwicklung entscheidend mit beeinflusst und geformt hat ... ... Der Zug fährt weiter ... ...

Vieles von dem, was dich in Beziehungen bewegt und antreibt, hast du im Kontakt mit diesem Menschen gelernt ... ... Auch manches, was dich an dir selbst stört oder wofür du dich selbst verurteilst, ist im Kontakt mit diesem Menschen entstanden ... ... Damals ist es so gekommen und konnte gar nicht anders sein ... ... Es hat sich so entwickelt in deinem Leben ... ... doch heute ist es anders ... ...

... ... heute lernt dein tiefes Inneres wie das geht, anders zu fühlen und anders zu handeln ... ... deinen eigenen Weg zu gehen und nicht nur den Weg dieser Person aus der Vergangenheit, die jetzt bei dir ist ... ... Vielleicht spielt dieser Mensch noch immer eine große Rolle in deinem Leben, möglicherweise hast du sogar heute noch viel Kontakt mit ihm ... ... Doch selbst, wenn dieser Mensch schon nicht mehr leben sollte ... ... Du trägst ihn in dir und er ist da und spielt immer noch eine große Rolle … … Heute wird es aber anders … … heute lernst du von derselben Person neu … … Du lernst, deinen eigenen Weg zu gehen … … nicht mehr zu erfüllen … … nur noch du selbst zu sein … … Dann kann das früher Erlebte, die Vergangenheit, auch tatsächlich als vergangen abgespeichert werden … … als Erinnerung, das ist dann schon genug … … Genau das passiert heute, in genau diesem Augenblick … … und jede Sekunde ist bereits im nächsten Augenblick vergangen … …

Der Zug wird langsamer und hält an … … Du sagst deinem Fahrgast, dass er oder sie nun aussteigen soll, denn die weitere Fahrt wirst du ohne diese Person machen … … Du verabschiedest dich, denn du hast alles Erforderliche bereits gelernt und erledigt … … Wenn du willst, verabschiede dich jetzt oder sage diesem Menschen, was du noch sagen willst… … *[eine gefühlte halbe Minute Zeit geben]* … …

Der Fahrgast steigt aus, die Tür schließt sich hinter ihm … … Deine Fahrt geht weiter … … Du fährst weiter, deiner Zukunft entgegen, lässt diesen Menschen am Bahnhof der Vergangenheit zurück … … Du schaust nur nach vorne und spürst, dass der Zug immer schneller wird … … Er fährt schneller und schneller der Zukunft entgegen … … . Du machst dir noch einmal klar, dass das Land der Träume ganz tief in dir drin ist. Dort war es schon immer. Ich erzähle dir nur davon … …

[Deine Gefühle fließen wie sanfter Wind durch deinen Körper. Spüre, wie du mit jedem weiteren Atemzug vom Gefühl zurück zu deinen Gedanken kommst, um wieder hier zu sein. Zurück von deiner Reise machst du dir klar, dass du dich hier im Raum befindest, auf der Unterlage, auf der dein Körper sitzt/liegt. Du bist wieder hier im Raum. Deine Muskeln spannen sich, stellen Arbeitsbereitschaft her und warten darauf, sich wieder zu bewegen. Sobald du denkst, dass du wach genug bist, öffnest du einfach deine Augen.]

Am Scheideweg

Gehen oder Bleiben

[Beziehungen halten nicht immer ein Leben lang. Die meisten gehen vorher zu Ende. Du hast das Ende von Beziehungen erlebt. Freundschaften oder Partnerschaften sind zu Ende gegangen, neue sind entstanden. Du weißt auch wie das ist, an dem Punkt zu stehen, an dem du dich fragst, ob du eine Beziehung beenden oder weiter leben sollst. Du stellst dir genau diese Frage und konntest bisher keine eindeutige Antwort finden. Also suchst du heute eine neue Antwort im Land der Träume.]

Du kannst heute eine ganz besondere Reise antreten, eine Reise an einen Ort, an dem es nur um dich geht … … Spüre den Rhythmus deines Körpers, der sich mit deiner Atmung wie eine Welle auf und ab bewegt … … Stell dir dabei vor, dass die Wellen deines Körpers dich fort tragen wie die Wellen des Ozeans es könnten … … Auf den Wellen deiner Atmung, getragen vom Geräusch deines ausströmenden Atems, gehst du in das Land deiner Träume … … Hier wirst du zum Entdecker, der alles finden kann, denn alles war immer schon da und kann gesehen werden, wenn die richtige Zeit dafür gekommen ist … …

Oft wünschen wir uns, dass uns Beziehungen ein Leben lang begleiten, dass wir sie immer wieder neu gestalten und schön erleben dürfen ... ... Doch manchmal gehen Beziehungen auch zu Ende, weil es das Schicksal so will und wir gar keine Wahl haben ... ... Manchmal haben wir auch die Wahl und wissen nicht, wie wir uns entscheiden sollen, fühlen uns hin und her gerissen ... ... Du kennst dieses Gefühl, denn du bist in einer solchen Situation und fragst dich: Soll ich diese Beziehung beenden oder weiter gestalten? ... ... Du bist heute im Land der Träume, um dir Klarheit zu verschaffen ... ... um zu fühlen, was wirklich wichtig ist ... ... Du hörst das sanfte Rauschen des Windes, er zieht an dir vorbei und fordert dich auf, selbst auf die Reise zu gehen ... ... Du gehst also los, marschierst durch das Land der Träume, um deine Wahrheit zu finden ... ... Sie wartet hier auf dich ... ... Du kommst zu einem Weg, der langsam bergab führt ... ... Du folgst dem Weg und gehst immer tiefer nach unten ins Tal ... ... Dabei denkst du darüber nach, wie viele Erlebnisse du mit deiner Beziehung verbindest ... ... wie lange sie dich schon begleitet und dich fordert ... ... Vielleicht hat sie bereits viel Kraft gekostet ... ... mehr als du tragen konntest ... ... Nun stehst du vor der Entscheidung, weiter zu machen, es einfach noch einmal zu versuchen ... ... einen Weg aus den

Konflikten heraus doch noch zu finden ... ... oder aber diese Beziehung loszulassen und dich von diesem Menschen zu trennen ... ... Du kommst im Tal an und folgst weiter deinem Weg ... ... Du kommst zu einer Wegegabelung ... ... rechts oder links? ... ... Wohin soll die Reise gehen? ... ...
Rechts und links neben der Wegegabelung steht jeweils ein großer Spiegel ... ... Du gehst zur linken Seite und schaust in den Spiegel ... ... Es ist als würdest du in einem Nebel sehen, erst langsam, nach und nach kannst du etwas erkennen ... ... Zuerst erkennst du das Wort *Bleiben*, denn dieser Spiegel zeigt dir all das, worauf du verzichten musst, wenn du die Beziehung fortsetzt ... ... Vielleicht dachtest du, dass Festhalten oder Fortsetzen kein Verzichten wäre, doch um das zu verstehen schaust du tief in den Spiegel ... ... Dann bemerkst du, dass der Spiegel eine Eingangstür ist und du hindurch gehen kannst ... ... Mit einem großen Schritt gehst du also in den Spiegel und durch den Nebel hindurch ... ... Hinter dem Nebel stehst du plötzlich mitten in deinem Leben, doch du bist als Gast hier, als unsichtbarer Beobachter ... ... Du siehst dich selbst mit deinem *Partner/deiner Partnerin* ... *[Bitte anpassen auf die tatsächliche Beziehung ... deinem Freund/deiner Freundin etc.]* ... Du beobachtest eine Situation, die dir euren Konflikt zeigt ... ...

Du kennst ja viele Auseinandersetzungen und Geschehnisse, weißt, was dich zum Zweifeln gebracht hat oder zu der Überlegung, dass es für dich vielleicht besser sein könnte, zu gehen ... ... Du siehst dir genau das noch einmal an, was geschehen ist ... ... Vielleicht gibt es da vieles zu klären oder vieles müsste geklärt werden, damit es weiter gehen kann ... ... Vielleicht gibt es Dinge oder Taten, die du nicht verzeihen kannst ... ... Das musst du auch nicht, doch eines wirst du müssen, wenn es weiter gehen soll ... ... Du wirst verzichten müssen ... ... verzichten auf Wiedergutmachung ... ... verzichten auf die Sehnsucht und den Wunsch, alles möge ungeschehen sein, denn das ist nicht möglich ... ... Das Leid, das du empfunden hast, die Wut, die Verletzung, die Enttäuschung oder welches Gefühl auch immer am deutlichsten war ... ... All das kann nicht mehr geändert werden und ob du es verzeihen kannst oder nicht ... ... Wiedergutmachung kann und wird es nicht geben, denn was geschehen ist, kann nicht mehr geändert werden ... ... Ab heute kann alles anders werden, doch das Geschehene bleibt wie es war ... ... Bleiben bedeutet Verzicht auf Wiedergutmachung ... ... Du gehst zurück, durchquerst noch einmal den Nebel und gehst wieder mit einem großen Schritt aus dem Spiegel nach draußen ... ... Du stehst wieder an der Wegegabelung ... ...

... ... Dann gehst du zum gegenüber liegenden Spiegel und schaust hinein ... ... Dort siehst du das Wort *Gehen*, und dir ist klar, dass dieser Spiegel dir zeigen kann, worauf du verzichten wirst, wenn du die Beziehung beendest ... ... Du gehst in den Spiegel, denn auch dieser ist eine Eingangstür ... ... Du durchquerst den Nebel und kommst als Besucher in deinem Alltag an ... ... Du siehst dir selbst zu ... ... *Partner/deiner Partnerin ... [Bitte anpassen auf die tatsächliche Beziehung ... deinem Freund/deiner Freundin etc.]* ... ist bei dir ... ... und du kannst hier in diesem Spiegel erkennen, was dir an der Beziehung noch liegt ... ... irgendetwas hält dich noch dort, denn sonst wärst du nicht unentschieden ... ... Du machst dir klar, was das Gute und Schöne an dieser Beziehung eigentlich ist ... ... Du machst dir klar, was das Besondere für dich ist, was dir an dieser Beziehung liegt ... ... denn darauf wirst du verzichten müssen, wenn du die Beziehung beendest ... ... Sieh dir all das in Ruhe an und achte auf dein Bauchgefühl ... ... Vergiss alle Überlegungen und Abwägungen, sei einfach hier und schau dich an ... ... Betrachte deine Beziehung und höre auf deinen Bauch ... ... Alles andere geschieht von selbst ... ... Dann gehst du zurück, durchquerst den Nebel und gehst mit einem großen Schritt aus dem Spiegel ... ...

Dann beschließt du, dich ganz von deinem Gefühl leiten zu lassen, jetzt auf Abwägungen und Entscheidungen zu verzichten und einfach in deinem Gefühl zu bleiben ... ... Daher gehst du weder rechts noch links, es interessiert dich noch nicht einmal, wohin die beiden Wege führen ...
... Du gehst einfach ohne Weg los, läufst geradeaus weiter und vertraust darauf, dass die Bilder beider Seiten, die du heute angeschaut hast, dir den richtigen Weg zeigen ... ... Du vertraust darauf, dass dein Gefühl immer deutlicher wird, das dir zeigt, was wirklich gut für dich ist ... ...
Du weißt jetzt, dass du auf jeden Fall auf etwas verzichten musst ... ... Deine Entscheidung - wann auch immer du bereit bist, sie zu fällen - wird nicht einfach zum Glück und zur Leichtigkeit führen, doch sie wird eine Befreiung sein ...
... Du lässt das Erlebte tief in dir wirken ... ...
Dein tiefes Inneres, die Welt deiner Emotionen hat verstanden, worauf es ankommt ... ... Deine Gefühle werden dir sehr bald schon zeigen, welcher Verzicht für dich der richtige ist ... ... Deine tiefen Gefühle findest du im Land der Träume ...
... Dabei machst du dir noch einmal klar, dass das Land der Träume ganz tief in dir drin ist. Dort war es schon immer. Ich erzähle dir nur davon ... ...

[Deine Gefühle fließen wie sanfter Wind durch deinen Körper. Spüre, wie du mit jedem weiteren Atemzug vom Gefühl zurück zu deinen Gedanken kommst, um wieder hier zu sein. Zurück von deiner Reise machst du dir klar, dass du dich hier im Raum befindest, auf der Unterlage, auf der dein Körper sitzt/liegt. Du bist wieder hier im Raum. Deine Muskeln spannen sich, stellen Arbeitsbereitschaft her und warten darauf, sich wieder zu bewegen. Sobald du denkst, dass du wach genug bist, öffnest du einfach deine Augen.]

Überblick

Gehen oder Bleiben

[Die Entscheidung zu fällen, eine Beziehung zu beenden, ist selten leicht. Doch auch die Entscheidung zum Bleiben, wenn Konfliktlagen sich bereits zugespitzt haben, ist nicht einfach. Meistens ist unser Kopf voller Gedanken, die uns im Weg stehen. Du kennst genau diese Situation, erlebst sie derzeit selbst. Du willst daher mit mehr Abstand auf deine Beziehung blicken, suchst den Überblick. Du findest Abstand und Überblick auf deiner heutigen Reise im Land der Träume.]

Du kannst heute eine ganz besondere Reise antreten, eine Reise an einen Ort, an dem es nur um dich geht … … Spüre den Rhythmus deines Körpers, der sich mit deiner Atmung wie eine Welle auf und ab bewegt … … Stell dir dabei vor, dass die Wellen deines Körpers dich fort tragen wie die Wellen des Ozeans es könnten … … Auf den Wellen deiner Atmung, getragen vom Geräusch deines ausströmenden Atems, gehst du in das Land deiner Träume … … Hier wirst du zum Entdecker, der alles finden kann, denn alles war immer schon da und kann gesehen werden, wenn die richtige Zeit dafür gekommen ist … …

Du schließt die Augen und atmest tief ein und aus ... ... Du genießt die frische Luft im Land der Träume und stellst dich innerlich darauf ein, heute Klarheit zu finden ... ... Gehen oder bleiben, die Frage stellst du dir seit einiger Zeit ... ... doch bisher konntest du keine Entscheidung treffen ... ... Vielleicht brauchst du noch etwas Zeit oder es fehlt dir der Überblick ... ... Wenn du alles aus der Distanz heraus betrachten könntest, wäre es leichter zu finden, was du wirklich willst ... ... ob das Ende der Beziehung richtig ist oder der Neuanfang ... ... Doch heute bist du im Land der Träume, um genau diese Distanz zu finden ... ... Du öffnest im Land der Träume die Augen und entdeckst einen Rucksack ganz in deiner Nähe ... ... Du gehst zu dem Rucksack und erkennst ein Namensschild daran ... ... Darauf steht dein Name ... ... Dort steht ... *[Vorname und Nachname des Klienten nennen]* ... Du nimmst ihn also auf und setzt ihn auf deinen Rücken, um ihn mit dir zu tragen ... ... Der Rucksack ist schwer ... ... sehr schwer ... ... Doch du trägst ihn mit dir ... ... Schon lange trägst du ihn mit dir, ohne es zu bemerken ... ...

Du siehst vor dir einen Berg, dein Weg führt direkt dorthin ... ... Am Fuß des Berges angekommen, findest du einen schmalen Pfad, der nach oben führt ... ... hoch zum Gipfelkreuz ... ... Du nimmst den Pfad und beginnst mit dem

Aufstieg … … und bald schon wird der Rucksack so schwer, dass du ihn kaum noch tragen kannst … … Das Gefühl kennst du, weißt wie sich das anfühlt, so viel Last zu tragen, dass es zuviel wird … … dass du dich nur noch mit der Last beschäftigst … … nur noch daran denkst, wie schwer und mühsam das alles ist … … Und um dich auszuruhen, machst du Pause und setzt den Rucksack ab … … Du öffnest ihn und findest darin drei hölzerne Schachteln, die aussehen wie kleine Schatztruhen … … Du nimmst eine Schachtel aus dem Rucksack … … Sie ist viel schwerer als du dachtest … … sehr schwer … … Auf dieser Schachtel steht das Wort *Streit* … … Die gesamte Belastung der Streitereien und Auseinandersetzungen in deiner Beziehung sind in dieser kleinen hölzernen Truhe eingeschlossen, deshalb ist sie auch so unglaublich schwer und kaum zu tragen … … Du stellst sie neben den schmalen Pfad, auf dem du gehst … … Du lässt sie hier stehen und kannst sie später abholen … … Jetzt aber muss dein Rucksack leichter sein, damit du ihn noch tragen kannst … … Du setzt ihn auf und gehst weiter … …

… … Der Rucksack deiner Lasten ist schon leichter geworden, du kannst ihn wieder tragen … … Du gehst immer weiter dem Gipfel entgegen, um über das gesamte Traumland blicken zu können … … Doch bald schon spürst du die Last des

Rucksacks wieder … … Du trägst ihn so lange, dass er wieder zu schwer für dich wird … … Erneut machst du also Pause, um dich auszuruhen … … Du öffnest noch einmal deinen Rucksack und nimmst eine weitere kleine Holztruhe heraus … … Auf dieser hölzernen Truhe steht das Wort *Kränkung* … … In der hölzernen Schachtel sind die Belastungen aller Kränkungen, die du erfahren hast, erhalten aber auch aller Kränkungen, die du produziert hast in deiner Beziehung … … vielleicht Beleidigungen in der Auseinandersetzung … … Schimpfwörter im Streit … … oder Verletzungen durch Verhalten … … durch etwas, das getan wurde oder unterlassen wurde … … Du kennst selbst die Kränkungen und Verletzungen … … Du weißt, was dich verletzt hat … … Du weißt auch, wenn du verletzt hast … … Diese kleine aber so unendlich schwere Truhe stellst du neben den Pfad, auf dem du gehst, damit du den Rucksack wieder tragen kannst … …

… … Du setzt den Rucksack wieder auf, um weiter zu gehen, den Gipfel bald zu erreichen, um deinen Überblick zu finden … … um Ausblick halten zu können über das gesamte Land der Träume … … Du bist schon fast oben, näherst dich dem Gipfel und kannst das Gipfelkreuz schon sehen … … Es ist nicht mehr weit, doch immer noch ist dein Rucksack schwer … …

wieder wird die verbliebene Last zu groß ... ... Du trägst sie schon so lange ... ... Also bleibst du noch einmal stehen, um den Rucksack zu öffnen ... ... Du nimmst die letzte Schachtel aus dem Rucksack ... ... Auf ihr steht das Wort *Verbitterung* ... ... Auch dieses Gefühl kennst du ... ... Verbitterung, die dich blind macht ... ... Wut und Zorn, die diese Verbitterung verhärtet haben und dir den klaren Blick versperren ... ... Diese Schachtel ist so schwer, dass sie dich die ganze Zeit über gequält und behindert hat ... ... Du hast dich mehr mit den Schmerzen in deinen Schultern beschäftigt ... ... mit den Belastungen des Tragens, denn diese Last war sehr schwer ... ... Du stellst diese Verbitterung nun ab ... ... Du lässt sie am Rand des Pfades zurück und gehst einfach weiter ... ... Dein Weg ist nun viel leichter zu gehen ... ... Deine Schultern fühlen sich so leicht und bequem an wie schon lange nicht mehr ... ... Du gehst das letzte Stück federleicht nach oben ... ... Du kommst oben am Gipfel an und kannst über das gesamte Land blicken ... ... Von hier aus siehst du alles und fühlst dich leicht und frei ... ...

Und während du über das Land schaust, spürst du wie du innerlich ruhiger und freier wirst ... ... Du genießt den Blick in die Natur und ganz tief in dir hast du einen klaren und freien Blick auf dich und deine Beziehung ... ... einen klaren

und freien Blick dafür, was dir wichtig ist und wie du handeln kannst … … Jetzt brauchst du gar keine Entscheidung zu fällen … … Hier oben ist es nur wichtig da zu sein und die Freiheit zu genießen … … So kannst du deine Gefühle und Gedanken in Ruhe sortieren, frei von den Lasten, die du weiter unten abgestellt hast … …
Dann entdeckst du einen Gleitschirm, der ausgebreitet neben dir liegt … … Du schlüpfst zwischen den Gurten durch und schnallst dich fest … … Dann läufst du so schnell du kannst den Hand hinunter und hebst ab … … Du fliegst mit deinem Gleitschirm hoch oben durch die Luft, kannst das gesamte Land der Träume überblicken und alles in Ruhe von hier oben betrachten … … Von hier aus ist alles viel kleiner … … viel besser zu überblicken … … Du nimmst dir Zeit, in Ruhe auf dein Land zu blicken und genießt die Klarheit der Gedanken hier oben … … Du lässt dich einfach von deinem Gefühl treiben, das dir hilft, alles klar zu erkennen und klar zu entscheiden … … was auch immer du entscheiden willst … … Du hast jetzt einen klaren Überblick … … In großen Kreisen drehst du hier oben deine Runden und fühlst dich frei … … Hier kannst du immer wieder Überblick finden … … immer wieder Lasten ablegen … … dich befreien und fliegen … … Im Land der Träume ist alles möglich, doch das Land der Träume ist tief in dir

drin. Dort war es schon immer. Ich erzähle dir nur davon … …

[Deine Gefühle fließen wie sanfter Wind durch deinen Körper. Spüre, wie du mit jedem weiteren Atemzug vom Gefühl zurück zu deinen Gedanken kommst, um wieder hier zu sein. Zurück von deiner Reise machst du dir klar, dass du dich hier im Raum befindest, auf der Unterlage, auf der dein Körper sitzt/liegt. Du bist wieder hier im Raum. Deine Muskeln spannen sich, stellen Arbeitsbereitschaft her und warten darauf, sich wieder zu bewegen. Sobald du denkst, dass du wach genug bist, öffnest du einfach deine Augen.]

Klassentreffen (Variante 1)

Freundschaft

[Wir glauben oft, unsere Freunde zu kennen und sicherlich kennen wir auch Menschen, die Freunde sind. Du weißt, wer dir in deinem Leben ein Freund war oder ist. Doch manchmal gibt es auch Freunde, die wir gar nicht wahrnehmen oder deren Freundschaftsdienst wir im Stress nicht würdigen konnten oder weil wir mit anderen Dingen belastet waren. Heute kannst du Freunden begegnen. Freunden, die du als Freunde kennst, doch vielleicht auch einem bisher ungesehenen Freund.]

Du kannst heute eine ganz besondere Reise antreten, eine Reise an einen Ort, an dem es nur um dich geht … … Spüre den Rhythmus deines Körpers, der sich mit deiner Atmung wie eine Welle auf und ab bewegt … … Stell dir dabei vor, dass die Wellen deines Körpers dich fort tragen wie die Wellen des Ozeans es könnten … … Auf den Wellen deiner Atmung, getragen vom Geräusch deines ausströmenden Atems, gehst du in das Land deiner Träume … … Hier wirst du zum Entdecker, der alles finden kann, denn alles war immer schon da und kann gesehen werden, wenn die richtige Zeit dafür gekommen ist … …

Im Land der Träume kannst du allen Menschen begegnen, die in deinem Leben bisher eine Rolle gespielt haben ... ... Du kannst sie besuchen und mit ihnen sprechen, auch mit denen, die vielleicht ihre Lebenszeit auf Erden schon hinter sich haben ... ... Hier ist alles möglich ... ... Heute kannst du einige von denen treffen ... ... ganz besondere Menschen wieder sehen ... ... wie bei einem Klassentreffen Vergangenheit aufleben lassen, noch einmal anschauen und neu lernen ... ... vielleicht eine Lektion lernen, die bisher auf der Strecke blieb, weil du heute, mit viel mehr Abstand, manches anders sehen oder zumindest ruhiger betrachten kannst ... ... Dann siehst du auch schon das erste Hinweisschild zu deinem Klassentreffen ... ... Es ist ein Richtungsschild, das dir zeigt, wohin du gehen musst, um zu den Menschen zu gelangen, die für dich Bedeutung hatten ... ... die für dich Bedeutung immer noch haben ... ... Mit Neugier und Interesse folgst du den Schildern, gehst abseits der Straßen und Wege, folgst den kleinen Hinweisen im Land der Träume ... ... und erreichst einen runden Platz, der wie eine Manege aussieht ... ... Es ist ein großer, ein riesiger Platz ... ... die Manege, die Bühne deines Lebens ... ... Du gehst mitten auf diesen Platz, stellst dich ganz in die Mitte ... ... wer sonst sollte oder könnte im Mittelpunkt deines Lebens stehen? ... ... Dann plötzlich zieht

Nebel auf … … Er steigt vom Boden empor und umgibt dich … … Der Nebel wird so dicht, dass du nichts mehr siehst … …

Doch das hier soll dein Klassentreffen sein … … das Treffen aller Menschen, die Zeit mit dir verbracht haben und zu deinem Leben dazu gehören, weil sie dich zumindest ein Stück davon begleitet haben … … manche auch viele Jahre oder dein ganzes bisheriges Leben hindurch … … Im Land der Träume sind alle bei dir, wenn du es so willst … … Und langsam lichtet sich der Nebel, löst sich auf und du kannst schon besser erkennen, was um dich herum ist … … Du erkennst ganz viele Gestalten im Nebel, der sich immer mehr auflöst … … Dann erkennst du erste Gesichter … … Menschen, die du kennst … … Personen, die in deinem Leben bisher eine Rolle gespielt haben … … Vielleicht gibt es auch hier und da ein Gesicht, das du nicht erkennst, weil du diese Person noch nicht bewusst wahrgenommen hast bisher … … oder weil es Menschen gibt, die einen großen Einfluss auf dich hatten, ohne das du ihre Anwesenheit richtig registriert hast … … Und einige der Menschen in der Manege deines Lebens gehen nach außen und verlassen den Platz … … Sie gehen fort, denn heute ist es nicht so wichtig, dass sie da sind … … andere kommen näher … … Zuerst kommen einige Menschen, mit denen du Schwierigkeiten hattest, auf dich zu, begrüßen dich kurz und gehen dann weg ... ... Du siehst sie an dir vorüber gehen ... ... Dabei erinnerst du dich an Auseinandersetzungen und Konflikte, die du mit ihnen hattest ... ... Manche wurden vielleicht beendet oder geklärt ... ... andere blieben ungelöst stehen und bestehen heute vielleicht noch ... ... Doch diese Menschen gehen weiter ... ... es scheint, dass sie Platz machen ... ... Platz für jemanden, der dich heute hier treffen will ... ... Dann gehen Menschen an dir vorbei, die dir geholfen haben, als du Hilfe brauchtest ... ... Du siehst einige, die dir freiwillig geholfen haben ... ... die dir Hilfe angeboten haben, ohne dass du sie bitten musstest ... ... vielleicht sind das einige oder auch nur wenige ... ... möglicherweise aber auch gar keiner ... ... Dann kommen Menschen, die dir geholfen haben, nachdem du sie um Hilfe gebeten oder um Rat gefragt hattest ... ... Vielleicht haben dir einige davon nur widerwillig geholfen ... ... andere haben Gegenleistungen gefordert, ausgesprochen oder unausgesprochen ... ... und wieder andere haben vielleicht gerne geholfen ... ... Sie gehen an dir vorüber, grüßen dich kurz im Vorbeigehen und verlassen den Platz ... ...

... ... Mit der Zeit werden es immer weniger ... ... gleichzeitig wird der Nebel wieder dichter ... ... Du kannst nur noch schemenhafte Bilder erkennen ... ... nur noch Schatten ... ... Doch es gibt da einen besonderen Menschen … … einer, der dir etwas Gutes getan und damit geholfen hat, aber damals konntest du es diesem Menschen nicht danken, weil du so beschäftigt und belastet warst … … Vielleicht gibt es sogar einen stillen Helfer, der etwas Großes für dich getan hat, doch du wusstest es damals nicht … … Der Nebel lichtet sich und du erkennst diesen Menschen, der sich nähert … … sein Bild kommt ganz von alleine … … Du siehst jetzt eine Person, die dir auf besondere Art geholfen hat … … möglicherweise hast du mit genau dieser Person gerechnet oder aber du bist überrascht, dass sich jetzt gerade dieses Bild zeigt … … dass du gerade an diese Person denken musst oder ihr Name dir einfällt … … Es könnte sogar sein, dass du an eine Person denkst, von der du sagen würdest, sie hat dir nicht geholfen oder sogar geschadet … … Doch lass das Bild einfach da sein … … Spüre dein tiefes Bauchgefühl … … Dieser Mensch hat dir einst geholfen … … Du erinnerst dich an die gemeinsame Zeit … … Du erinnerst dich an die Hilfe dieses Menschen … … und wenn du zweifelst, ob dieser Mensch tatsächlich eine Hilfe für dein Leben war, dann frag ihn doch einfach im Stillen, was er für dich Gutes getan haben mag … … Er zeigt es dir mit Bildern und Gefühlen … … jetzt … … *[eine gefühlte Minute lang schweigen und*

den Zuhörer in seinen Bildern die Antwort finden lassen, dann weiter lesen] ... ...
Seinerzeit hattest du keine Gelegenheit, dich zu bedanken, warum auch immer das so war, es spielt keine Rolle mehr, denn das Vergangene ist vorbei ... ... Heute bist du hier, um zu erkennen oder noch einmal zu betrachten, was dieser Mensch getan hat ... ... wie und wobei er dir und deinem Leben helfen konnte ... ... Dein tiefes Inneres lernt dabei, wie wertvoll Freundschaft sein kann ... ... wie wichtig auch Hilfe ist, die nicht gesehen wird oder nicht auf Gegenseitigkeit beruht ... ... Dein Helfer reicht dir die Hand ... ... und wenn du willst und es passend für dich ist, erwiderst du diese Geste ... ... Gleichzeitig erinnerst du dich daran, dass auch du anderen schon geholfen hast, ihnen einen Dienst erwiesen hast, ohne dafür Dank und Anerkennung bekommen zu haben ... ... Auch du warst schon dieser Helfer ... ...
In diesem Moment fällt dir auf, dass dein Helfer plötzlich deine eigenen Gesichtszüge hat ... ... vor deinen Augen verändert sich das Gesicht dieses Menschen und wird zu deinem eigenen Gesicht ... ... Du stehst schließlich dir selbst gegenüber und reichst dir selbst die Hand zum Dank ... ... Wie ist das möglich? ... ... Nun, hier ist alles möglich, denn du bist im Land der Träume, und das Land der Träume ist tief in dir

drin. Dort war es schon immer. Ich erzähle dir nur davon ... ...

[Deine Gefühle fließen wie sanfter Wind durch deinen Körper. Spüre, wie du mit jedem weiteren Atemzug vom Gefühl zurück zu deinen Gedanken kommst, um wieder hier zu sein. Zurück von deiner Reise machst du dir klar, dass du dich hier im Raum befindest, auf der Unterlage, auf der dein Körper sitzt/liegt. Du bist wieder hier im Raum. Deine Muskeln spannen sich, stellen Arbeitsbereitschaft her und warten darauf, sich wieder zu bewegen. Sobald du denkst, dass du wach genug bist, öffnest du einfach deine Augen.]

Klassentreffen (Variante 2)

Feindschaft

[Wir glauben oft, unsere Feinde zu kennen und sicherlich kennen wir auch Menschen, die Feinde sind. Du weißt, wer dir in deinem Leben ein Feind war oder ist. Doch manchmal gibt es auch Feinde, die wir gar nicht wahrnehmen oder deren Gegnerschaft wir im Stress nicht wahrgenommen haben oder weil wir mit anderen Dingen belastet sind. Heute kannst du Feinden begegnen. Feinden, die du als Gegner kennst, doch vielleicht auch einem bisher ungesehenen Feind.]

Du kannst heute eine ganz besondere Reise antreten, eine Reise an einen Ort, an dem es nur um dich geht … … Spüre den Rhythmus deines Körpers, der sich mit deiner Atmung wie eine Welle auf und ab bewegt … … Stell dir dabei vor, dass die Wellen deines Körpers dich fort tragen wie die Wellen des Ozeans es könnten … … Auf den Wellen deiner Atmung, getragen vom Geräusch deines ausströmenden Atems, gehst du in das Land deiner Träume … … Hier wirst du zum Entdecker, der alles finden kann, denn alles war immer schon da und kann gesehen werden, wenn die richtige Zeit dafür gekommen ist … …

Im Land der Träume kannst du alle Personen treffen, die in deinem Leben bisher von Bedeutung waren ... ... Du kannst ihnen begegnen und mit ihnen sprechen, auch mit denen, die bereits tot sind ... ... Hier ist alles möglich ... ... Heute kannst du einigen begegnen ... ... ganz besondere Menschen wieder sehen ... ... wie bei einem Klassentreffen Vergangenheit für einen Augenblick aufleben lassen, noch einmal anschauen und dabei Neues lernen ... ... vielleicht etwas lernen, das bisher unbeachtet blieb, weil du heute, mit viel mehr Abstand, manches anders sehen oder zumindest ruhiger betrachten kannst ... ... Dann siehst du auch schon das erste Hinweisschild zu deinem Klassentreffen ... ... Es ist ein Richtungsschild, das dir zeigt, wohin du gehen musst, um zu den Menschen zu gelangen, die für dich Bedeutung hatten ... ... die für dich Bedeutung immer noch haben ... ... Mit Neugier und Interesse folgst du den Schildern, gehst abseits der Straßen und Wege, folgst den Schildern im Land der Träume ... ... und erreichst einen großen Platz, der wie eine Manege aussieht ... ... Es ist ein großer, ein riesiger Platz ... ... die Manege, die Bühne deines Lebens ... ... Du gehst mitten auf diesen Platz, stellst dich ganz in die Mitte ... ... wer sonst sollte oder könnte im Mittelpunkt deines Lebens stehen? ... ... Dann plötzlich zieht Nebel auf ... ... Er steigt vom Boden empor und umgibt dich … … Der Nebel wird so dicht, dass du nichts mehr siehst … …

Doch das hier soll dein Klassentreffen sein … … das Treffen aller Menschen, die Zeit mit dir verbracht haben und zu deinem Leben dazu gehören, weil sie dich zumindest ein Stück davon begleitet haben … … manche auch viele Jahre oder dein ganzes bisheriges Leben hindurch … … Im Land der Träume sind alle bei dir, wenn du es so willst … … Und langsam lichtet sich der Nebel, löst sich auf und du kannst schon besser erkennen, was um dich herum ist … … Du erkennst ganz viele Gestalten im Nebel, der sich immer mehr auflöst … … Dann erkennst du erste Gesichter … … Menschen, die du kennst … … Personen, die in deinem Leben bisher eine Rolle gespielt haben … … Vielleicht gibt es auch hier und da ein Gesicht, das du nicht erkennst, weil du diese Person noch nicht bewusst wahrgenommen hast bisher … … oder weil es Menschen gibt, die einen großen Einfluss auf dich hatten, ohne das du ihre Anwesenheit richtig registriert hast … … Und einige der Menschen auf diesem Platz gehen nach außen und verlassen den Platz … … Sie gehen fort, denn heute ist es nicht so wichtig, dass sie da sind … … andere kommen näher … … Zuerst gehen Menschen an dir vorbei, die dir geholfen haben, als du Hilfe brauchtest … … Du siehst einige, die dir freiwillig ge-

holfen haben … … die dir Hilfe angeboten haben, ohne dass du sie bitten musstest … … vielleicht sind das einige oder auch nur wenige … … möglicherweise aber auch gar keiner … … Dann kommen Menschen, die dir geholfen haben, nachdem du sie um Hilfe gebeten oder um Rat gefragt hattest … … Vielleicht haben dir einige davon nur widerwillig geholfen … … andere haben Gegenleistungen gefordert, ausgesprochen oder unausgesprochen … … und wieder andere haben vielleicht gerne geholfen … … Sie gehen an dir vorüber, grüßen dich kurz im Vorbeigehen und verlassen den Platz … … Dann kommen einige Menschen, mit denen du Schwierigkeiten hattest, auf dich zu, begrüßen dich kurz und gehen dann weg … … Du siehst sie an dir vorüber gehen … … Dabei erinnerst du dich an Auseinandersetzungen und Konflikte, die du mit ihnen hattest … … Manche wurden vielleicht beendet oder geklärt … … andere blieben ungelöst stehen und bestehen heute vielleicht noch … … Doch diese Menschen gehen weiter … … es scheint, dass sie Platz machen … … Platz für jemanden, der dich heute hier treffen will … …
… … Mit der Zeit werden es immer weniger … … gleichzeitig wird der Nebel wieder dichter … … Du kannst nur noch schemenhafte Bilder erkennen … … nur noch Schatten … … Doch es gibt da einen besonderen Menschen … … einer,

den du als Feind bezeichnest ... ... Der Streit oder der Konflikt konnte nie gelöst werden ... ... Er besteht bis heute, die Feindschaft scheint verhärtet ... ... Der Nebel lichtet sich und du erkennst diesen Menschen, der sich nähert ... ... sein Bild kommt ganz von alleine ... ... Du siehst jetzt die Person, die dein größter Gegner war, ... möglicherweise hast du mit genau dieser Person gerechnet oder aber du bist überrascht, dass sich jetzt gerade dieses Bild zeigt ... ... dass du gerade an diese Person denken musst oder ihr Name dir einfällt ... ... Es könnte sogar sein, dass du an eine Person denkst, von der du sagen würdest, dass sie eigentlich befreundet oder eine helfende Person war ... ... Doch lass das Bild einfach da sein ... ... Spüre dein tiefes Bauchgefühl ... ... Vielleicht gab es da eine unausgesprochene Rivalität, eine Gegnerschaft oder Konkurrenz ... ... Du erinnerst dich an die gemeinsame Zeit ... ... Du erinnerst dich an die Beziehung zu diesem Menschen ... ... und wenn du zweifelst, ob dieser Mensch tatsächlich ein Gegner war oder du ihn als Gegner wahrgenommen hast, dann frag ihn doch einfach im Stillen, worin euer Kampf bestanden hat ... ... Er zeigt es dir mit Bildern und Gefühlen ... ... jetzt ... ... *[eine gefühlte Minute lang schweigen und den Zuhörer in seinen Bildern die Antwort finden lassen, dann weiter lesen]* ... ...

Seinerzeit war es nicht gelungen, die Feindschaft zu beenden, warum auch immer das so war, es spielt keine Rolle mehr, denn das Vergangene ist vorbei ... ... Heute bist du hier, um zu erkennen oder noch einmal zu betrachten, was dein Beitrag zum Streit war ... ... wie und wobei du ein Feind warst ... ... Und während du noch darüber nachdenkst, zieht Nebel auf, der so schnell so dicht wird, dass du diese Person nicht mehr erkennen kannst, obwohl sie vor dir steht ... ... Du spürst, dass etwas an diesen Bildern nicht stimmt, es geht nicht um die Feinde da draußen, mit denen wirst du fertig ... ... In Wahrheit triffst du den Feind in dir, der dir selbst im Wege steht ... ... der Nebel löst sich wieder auf ... ...
In diesem Moment fällt dir auf, dass der Feind, der vor dir steht, deine eigenen Gesichtszüge hat ... ... vor deinen Augen verändert sich das Gesicht dieses Menschen und wird zu deinem eigenen Gesicht ... ... Du stehst schließlich dir selbst gegenüber und reichst dir selbst die Hand zur Versöhnung ... ... Du machst Frieden mit dem Gegner in dir ... ... Du beendest den Kampf gegen dich selbst, willst dir selbst nicht mehr im Wege stehen ... ... Du beendest Verbitterung ... ... Du beendest Wut ... ... Du beendest Zorn ... ... Du beendest Hass ... ... Du bist im Land der Träume, und das Land der Träume ist tief in dir

drin. Dort war es schon immer. Ich erzähle dir nur davon … …

[Deine Gefühle fließen wie sanfter Wind durch deinen Körper. Spüre, wie du mit jedem weiteren Atemzug vom Gefühl zurück zu deinen Gedanken kommst, um wieder hier zu sein. Zurück von deiner Reise machst du dir klar, dass du dich hier im Raum befindest, auf der Unterlage, auf der dein Körper sitzt/liegt. Du bist wieder hier im Raum. Deine Muskeln spannen sich, stellen Arbeitsbereitschaft her und warten darauf, sich wieder zu bewegen. Sobald du denkst, dass du wach genug bist, öffnest du einfach deine Augen.]

Ich nehme das Leben an

Eltern-Kind-Beziehung

[Die Beziehung zu den Eltern bleibt lebenslang eine ganz besondere. Du hast dich mit der Frage auseinander gesetzt, wie du mit der Beziehung zu deinen Eltern umgehen solltest. Wie auch immer du dich ihnen gegenüber aufstellst, Befreiung für dich kann es nur dann geben, wenn du das Hadern mit Vergangenem loslässt und dein Leben und deine Geschichte annimmst, denn andere hast du nicht. Das Land der Träume hilft dir, das Vergangene loszulassen und dein Leben anzunehmen.]

Du kannst heute eine ganz besondere Reise antreten, eine Reise an einen Ort, an dem es nur um dich geht … … Spüre den Rhythmus deines Körpers, der sich mit deiner Atmung wie eine Welle auf und ab bewegt … … Stell dir dabei vor, dass die Wellen deines Körpers dich fort tragen wie die Wellen des Ozeans es könnten … … Auf den Wellen deiner Atmung, getragen vom Geräusch deines ausströmenden Atems, gehst du in das Land deiner Träume … … Hier wirst du zum Entdecker, der alles finden kann, denn alles war immer schon da und kann gesehen werden, wenn die richtige Zeit dafür gekommen ist … …

Du hast dich bereits viel mit deiner eigenen Vergangenheit beschäftigt … … mit Konflikten und Auseinandersetzungen, die es zwischen dir und deinen Eltern gab … … und vieles bleib sicherlich unausgesprochen … … Heute willst du deinen Frieden finden … … deinen inneren Frieden, denn der ist bei aller Abgrenzung, Wut und Enttäuschung oft auf der Strecke geblieben … … Du wünschst dir schon lange, endlich das Alte hinter dir zu lassen … … loszulassen und dich damit zu befreien … … denn nur, wenn es sich wie Befreiung anfühlt, ist Loslassen wirklich möglich … … Doch vielleicht fehlt dir noch etwas, um endlich loszulassen … … loszulassen von der Vorstellung, dass alles anders sein könnte, alles ungeschehen gemacht werden könnte … … Was auch immer sich heute ändern könnte, die Vergangenheit ändert sich nicht mehr … … ändern aber kann sich dein Umgang mit ihr … … Deshalb bist du heute hier … … deshalb machst du deinen Friedensmarsch durch das Land der Träume, der dein eigener innerer Friedensmarsch sein soll … … Frieden in dir … … Frieden tief in dir … … Frieden mit dir selbst … … Du siehst einen breiten Fluss und hörst das Wasser rauschen … … Du kannst am anderen Ufer deine Eltern sehen und beschließt, dorthin zu gehen … … Du näherst dich dem Fluss, doch das Wasser ist so reißend und schnell, dass du nicht auf die andere

Seite schwimmen könntest ... ... Das Wasser würde dich wegreißen ... ... Also setzt du dich ans Ufer, und deine Eltern machen es auf der anderen Seite genau so ... ...
Dann siehst du ein Segelboot, das über den reißenden Fluss fährt ... ... Es nähert sich schnell ... ... Auf dem weißen Segel siehst du Szenen wie in einem Film ... ... Du siehst Bilder aus deiner Kinderzeit ... ... Bilder, die dir noch einmal zeigen, was dich belastet hat, unter welchen Situationen du gelitten hast ... ... Du kannst dir die Bilder nur kurz ansehen, denn das Boot fährt sehr schnell an dir vorbei ... ... Doch du erinnerst dich an dein Gefühl in dieser Zeit ... ... *[eine gefühlte halbe Minute warten, um Bilder aufsteigen und wirken zu lassen, dann sofort weiter lesen]* ... ...
... ... Doch da kommt schon das nächste Boot ... ... Auf dem Segel siehst du wieder Bilder und Szenen deines Lebens ... ... Sie zeigen dir Ausschnitte aus deiner Jugendzeit ... ... Du siehst dich selbst mit deinen Eltern in der Zeit deiner Jugend ... ... vor allem siehst du eine Szene, die dir zeigt, wie euer Verhältnis zueinander damals typischerweise war ... ... wie es für dich war, in deinem Gefühl ... ... Das Boot fährt schnell, doch du kannst die Bilder gut erkennen und das Gefühl spüren, das du mit dieser Zeit verbindest ...
... *[eine gefühlte halbe Minute warten, um Bilder*

aufsteigen und wirken zu lassen, dann sofort weiter lesen] … …

… … Dann bemerkst du, dass das Wasser schon langsamer geworden ist … … Es fließt ruhiger und sanfter … … Und ein weiteres Boot kommt heran gefahren … … Auf dem weißen Segel siehst du Bilder aus deiner Gegenwart … … Bilder, die dir zeigen, wie deine Haltung heute ist … … Du siehst dich selbst auf dem Segel … … und auch deine Eltern … … Du erkennst, wie sehr du dich selbst in deiner Freiheit begrenzt und einschränkst, indem du der Vergangenheit so viel Macht einräumst … … Du lässt diese Bilder besonders intensiv wirken und schaust dir das genau an … … … *[eine gefühlte halbe Minute warten, um Bilder aufsteigen und wirken zu lassen, dann sofort weiter lesen] … …*

… … Das, was du gerne ändern würdest, was du vielleicht sogar gerne ungeschehen machen würdest, ist auf den Booten, die längst schon an dir vorbei gesegelt sind … … der reißende Strom hat sie längst an dir vorbei getrieben … … auch dieses Boote fährt an dir vorüber … … etwas langsamer, doch unaufhaltsam … …

… … Das Boot ist verschwunden … … Du bemerkst, dass das Wasser ganz ruhig und ganz sanft geworden ist … … ganz langsam fließt es vorüber … … ganz langsam … … und ein Boot ohne Segel treibt langsam und gemütlich über

das ruhige Wasser … … Du kannst keine Bilder sehen, denn es gibt kein Segel und damit keine Leinwand, auf der dein innerer Film laufen könnte … … Es gibt keine Bilder, keine Erinnerungen, die jetzt wirklich wichtig wären … … nur der Augenblick zählt, und der ist genau jetzt … … nur der Augenblick … … Wenn du die Vergangenheit einholen wolltest, um sie zu ändern oder sonst irgendetwas dort zu erledigen, müsstest du schneller schwimmen als die Boote, die schon längst weg sind … … Du müsstest innerlich schneller und getriebener sein als die Zeit, die diesen riesigen Vorsprung hat … … Du machst also heute etwas anderes … … Du bleibst heute in der Gegenwart … … denn dort kannst du nur sein, wenn du nicht dem Vergangenen hinterher rennst … … Du bleibst in der Gegenwart und freust dich über die Ruhe des Wassers … … über die Langsamkeit des Augenblicks … … Du schaust auf den Fluss und bemerkst erst jetzt, dass er nur knöcheltief ist … … Du kannst ganz einfach hindurch gehen, wenn du willst … … Du stehst also auf und gehst durch das ruhige Wasser, das du jetzt viel einfacher durchqueren kannst als du jemals dachtest … … Du gehst zum anderen Ufer rüber, zu deinen Eltern, die dort warten … …
Du kommst dort an und stellst dich direkt vor deine Eltern, die kein Wort sagen … … Sie sind

nur hier, um dir zuzuhören ... ... Im Wind hörst du eine Kinderstimme, und wenn du willst, sprichst du ihr nach ... ... Die Stimme des Kindes im Wind sagt: *Ich nehme das Leben an ... ... zu dem Preis, den es euch gekostet hat ... ... und zu dem Preis, den es mich gekostet hat ... ... All das soll nicht umsonst gewesen sein ... ... Es kann und wird Gutes daraus entstehen ... ...* Dann gehst du einfach weiter, folgst deinem Weg dem Sonnenaufgang entgegen ... ... Auf deinem Weg zum Sonnenaufgang hörst du noch einmal die Kinderstimme, die flüstert ... ... *Ich nehme das Leben an ... ... zu dem Preis, den es euch gekostet hat ... ... und zu dem Preis, den es mich gekostet hat ... ... All das soll nicht umsonst gewesen sein ... ... Es kann und wird Gutes daraus entstehen ... ...*

Dann spürst du die wärmenden Strahlen der Sonne auf deiner Haut und lässt diese Wärme ganz tief unter deine Haut gehen ... ... Du fühlst dich geborgen ... ... vertraust auf die Kraft in dir und darauf, dass es dir tatsächlich jeden Tag gelingt, dein Leben in Frieden mit dir selbst zu leben, ohne getrieben zu sein, ohne der Vergangenheit hinterher zu laufen ... ... Dein Leben ist jetzt ... ... im Augenblick der Gegenwart ... ... Du erinnerst dich daran, dass das Land der Träume ganz tief in dir drin ist. Dort war es schon immer. Ich erzähle dir nur davon ... ...

[Deine Gefühle fließen wie sanfter Wind durch deinen Körper. Spüre, wie du mit jedem weiteren Atemzug vom Gefühl zurück zu deinen Gedanken kommst, um wieder hier zu sein. Zurück von deiner Reise machst du dir klar, dass du dich hier im Raum befindest, auf der Unterlage, auf der dein Körper sitzt/liegt. Du bist wieder hier im Raum. Deine Muskeln spannen sich, stellen Arbeitsbereitschaft her und warten darauf, sich wieder zu bewegen. Sobald du denkst, dass du wach genug bist, öffnest du einfach deine Augen.]

Spiegelbilder im See

Ende einer Liebesbeziehung

[Beziehungen halten nicht immer ein Leben lang. Das Ende einer Beziehung, ob Freundschaft oder Liebesbeziehung, gehört zu unserem Leben dazu. Du hast es gerade erlebt. Du weißt, dass die Beziehung vorbei ist und das macht dich traurig. Oftmals hilft es, am Ende einer Beziehung noch einmal zurück zu blicken und Bilder und Gedanken der gemeinsamen Zeit anzuschauen. So kannst du in deinem Gefühl das zu Ende bringen, was noch offen ist, um dann ganz loszulassen.]

Du kannst heute eine ganz besondere Reise antreten, eine Reise an einen Ort, an dem es nur um dich geht … … Spüre den Rhythmus deines Körpers, der sich mit deiner Atmung wie eine Welle auf und ab bewegt … … Stell dir dabei vor, dass die Wellen deines Körpers dich fort tragen wie die Wellen des Ozeans es könnten … … Auf den Wellen deiner Atmung, getragen vom Geräusch deines ausströmenden Atems, gehst du in das Land deiner Träume … … Hier wirst du zum Entdecker, der alles finden kann, denn alles war immer schon da und kann gesehen werden, wenn die richtige Zeit dafür gekommen ist … …

Betrachten wir unser begrenztes irdisches Leben, so erkennen wir, dass alle Beziehungen nur ein Treffen auf Zeit sind. Du weißt selbst wie das ist, hast das Ende von Beziehungen schon miterlebt und selbst erlebt … … Gerade jetzt bist du in dieser Situation, dass eine Beziehung, die dir einst wichtig war, zu Ende gegangen ist … … Du stehst nun vor der Herausforderung, das Ende deiner Beziehung anzunehmen und loszulassen … … Es ist ein Zeichen deiner Stärke, dass du das aktiv angehst und dich dieser Herausforderung stellst … … Du gehst also deinen Weg durch das Land der Träume … … Du marschierst mit festen Schritten, denn du bist entschlossen, heute einen Schritt nach vorne zu gehen … … Du gehst durch einen Wald im Land der Träume und verlässt den Weg … … Du gehst einfach zwischen den Bäumen hindurch in den Wald hinein … … Du kommst zu einer Lichtung im Wald … … Die Sonne scheint auf die Lichtung und es gibt einen kleinen See hier … … Du setzt dich ans Ufer des kleinen Waldsees und genießt die wärmende Sonne … … so weit weg und doch so nah bei dir selbst … … tief in deinen Erinnerungen und Gedanken versunken … …
Du schaust auf das Wasser des kleinen Sees und erkennst dein Spiegelbild … … und mit der Zeit zeigen sich auch andere Bilder im Wasser … … Bilder, die aus der Tiefe langsam aufsteigen und

an die Oberfläche treten, damit du sie an der Oberfläche betrachten kannst wie auf einer Leinwand ... ... Du hast von der Beziehung, die du nun loslassen willst, gelernt und genau darauf konzentrierst du dich ... Ganz von selbst zeigen sich in deinen Gedanken Bilder oder Worte an der Oberfläche des Wassers ... ... so kannst du erkennen, was der konstruktive Beitrag dieser Beziehung zu deinem Leben war ... ... Nun schaust du für einen Augenblick auf deine Erinnerungen zurück, lässt sie aus der Tiefe des Sees aufsteigen ... ... Es gibt Erinnerungen an schwere Zeiten oder Momente und auch viele Erinnerungen an schöne ... ... Du kannst sie alle betrachten, den jeder Augenblick dieser Beziehung spielt eine konstruktive Rolle für dein Leben ... ... Zuerst betrachtest du schwierige Phasen ... ... und Enttäuschungen ... ... Immer mehr Bilder deiner Erinnerung steigen auf ... ... Du kannst sie in Ruhe betrachten ... ... Nimm dir Zeit und schau die Bilder deiner Erinnerung an die schwierigen oder leidvollen Momente jetzt an ... ... Ich gebe dir nun etwas Zeit, du wirst meine Stimme in einigen Minuten wieder hören ... ...

... ... [Lassen sie dem Klienten einige Minuten Zeit. Achten sie darauf, dass er/sie nicht unruhig wird, wenn sie zu lange schweigen. Machen sie dann weiter

oder sagen sie: ... Es ist alles in Ordnung, ich bin bei dir, nimm dir noch etwas Zeit und betrachte deine Erinnerungen ...] ... ...

... ... Und jetzt betrachtest du die schönen Momente und Augenblicke ... ... die gute Zeit ... ... Vielleicht gab es viele Momente oder eine lange schöne Zeit ... ... oder nur eine sehr kurze Zeit, doch sie ist so wichtig, dass du sie auf jeden Fall jetzt intensiv anschaust ... ... Immer mehr Bilder deiner Erinnerung steigen auf ... ... Du kannst sie in Ruhe betrachten ... ... Nimm dir Zeit und schau die Bilder deiner Erinnerung an die schönen oder liebevollen Momente jetzt an ... ... Ich gebe dir nun etwas Zeit, du wirst meine Stimme in einigen Minuten wieder hören ... ...

... ... [Lassen sie dem Klienten einige Minuten Zeit. Achten sie darauf, dass er/sie nicht unruhig wird, wenn sie zu lange schweigen. Machen sie dann weiter oder sagen sie: ... Es ist alles in Ordnung, ich bin bei dir, nimm dir noch etwas Zeit und betrachte deine Erinnerungen ...] ... ...

Du weißt, dass beides geht, deine Erinnerungen zu behalten und diese Beziehung nun loszulassen … … denn jetzt ist die Zeit gekommen, mit dem, was du gelernt hast, mit deinem gewachsenen und stark gewordenen Potenzial alleine weiter zu gehen … … Du akzeptierst das Ende dieser Beziehung … … Es gelingt dir … … Es gelingt dir jetzt … … Du lässt die Bilder deiner Erinnerung an der Oberfläche des Sees vergehen … … Sie lösen sich auf … … Du kennst die Gefühle der Trauer, die mit dem Loslassen immer verbunden sind … … spürst diesen Abschiedsschmerz, der nicht nur ein Abschied von einer Person bedeutet, sondern Abschied von Plänen und Hoffnungen, die du einst hattest … … Loslassen bedeutet, wieder frei zu sein für Neues … … Du lässt also los und wirst frei für neue Wege … … frei für neue Begegnungen … … frei für neue Pläne und neue Hoffnungen … … Wirklich beachtlich, wie schnell es dir gelingt, dich auf dich selbst zu konzentrieren und in dir selbst Geborgenheit und Hoffnung zu finden … … mit jedem Atemzug ein Stück näher zu dir selbst zu kommen … … Es gelingt dir, loszulassen … … Es gelingt dir jetzt loszulassen … … Du nimmst deine Trauer an … … Sie gehört dazu … … Sie zeigt dir, dass du intensive Gefühle und intensive Visionen mit dieser Beziehung verbunden hattest … … Du nimmst deine Trauer an und trauerst bis du dich leichter anfühlst … … Gleichzeitig lässt du los … … Loslassen bedeutet,

Neues ergreifen zu können, sobald die Zeit dafür reif ist ... ... und heute ist die Zeit des Loslassens gekommen ... ... heute ist die Zeit gekommen, auch Neues zu ergreifen ... ... Das Neue aber bist du selbst ... ... Auf dich kommt es jetzt an ... ... Du ergreifst jetzt die Chance, deinen Weg neu zu gestalten ... ... Du ergreifst die Chance, deine Entscheidungen und Pläne zu verwirklichen ... ... Du spürst tief in dir, was dir jetzt gut tut und kümmerst dich jetzt nur um dich selbst ... ... Du öffnest dein Herz ganz weit, um für dich selbst da zu sein und deinen Weg zu gehen ... ... Du lässt immer mehr los, denn genau damit kümmerst du dich um dich selbst ... ... Darauf kommt es an ... ... Loslassen und frei werden ... ... Loslassen und Trauer verlieren ... ... Loslassen und neue Wege gehen ... ... Loslassen und dich gut fühlen ... ... Jetzt loslassen und jetzt gut fühlen ... ... Jetzt ... ... genau jetzt ... ... Du hast gelernt, und du hast dich weiter entwickelt ... ... Du bist reifer geworden ... ... erfahrener ... ... Dieses Gefühl des inneren Wachstums kannst du spüren, wenn du dich darauf konzentrierst ... ... Dann schaust du auf das Wasser, das ganz klar geworden ist ... ... Die Bilder haben sich vollständig aufgelöst und du kannst bis zum Boden des Sees blicken ... ... kannst dort jeden Stein und jedes einzelne Sandkorn erkennen ... ... So klar und rein ist dein Blick geworden ... ... Du

kühlst deine Hände und dein Gesicht in dem klaren Wasser des Waldsees, das sich so richtig frisch anfühlt … … und dieses frische Gefühl geht durch deine Haut bis tief in dein Gefühl …
… Du legst dich ans Ufer und ruhst dich aus …
… Du schließt die Augen und träumst einen schönen Traum … … Tief im Traum machst du dir klar, dass das Land der Träume ganz tief in dir drin ist. Dort war es schon immer – Ich erzähle dir nur davon … …

[Deine Gefühle fließen wie sanfter Wind durch deinen Körper. Spüre, wie du mit jedem weiteren Atemzug vom Gefühl zurück zu deinen Gedanken kommst, um wieder hier zu sein. Zurück von deiner Reise machst du dir klar, dass du dich hier im Raum befindest, auf der Unterlage, auf der dein Körper sitzt/liegt. Du bist wieder hier im Raum. Deine Muskeln spannen sich, stellen Arbeitsbereitschaft her und warten darauf, sich wieder zu bewegen. Sobald du denkst, dass du wach genug bist, öffnest du einfach deine Augen.]

Zueinander stehen

Sich zur Beziehung bekennen

[Beziehungen werden oftmals heimlich gelebt. Dafür kann es viele Gründe geben. Du kennst diese Situation, hast eine heimliche Beziehung geführt. Doch du stehst an dem Punkt, an dem du das nicht mehr aushalten kannst. Du willst deine Beziehung jetzt offen leben, willst dich nicht weiter verstecken. Doch das offene Leben der Beziehung fällt dir nicht leicht. Du brauchst Mut und Kraft, um dich jetzt zu deiner Beziehung zu bekennen. Im Land der Träume kannst du Sicherheit finden.]

Du kannst heute eine ganz besondere Reise antreten, eine Reise an einen Ort, an dem es nur um dich geht … … Spüre den Rhythmus deines Körpers, der sich mit deiner Atmung wie eine Welle auf und ab bewegt … … Stell dir dabei vor, dass die Wellen deines Körpers dich fort tragen wie die Wellen des Ozeans es könnten … … Auf den Wellen deiner Atmung, getragen vom Geräusch deines ausströmenden Atems, gehst du in das Land deiner Träume … … Hier wirst du zum Entdecker, der alles finden kann, denn alles war immer schon da und kann gesehen werden, wenn die richtige Zeit dafür gekommen ist … …

Du hast eine Entscheidung gefällt, die Entscheidung, zu deiner Liebe zu stehen, was auch immer dich bisher davon abgehalten hat … … Möglicherweise weißt du auch gar nicht so genau, was dich bisher davon abgehalten hat … … Doch du hast dich entschieden. Du willst dich nun zu dieser Liebe bekennen. Du willst zu ihr stehen und sie offen leben können … … Du hörst hinter dir das Rauschen von Wasser und drehst dich um … … Du stehst am Meer und schaust auf die Wellen, die im Sand auslaufen … … Das sanfte Rauschen der Wellen hört sich an wie dein Atem … … So verschmelzen beide ineinander, das Geräusch deines Atems und das Rauschen der Wellen … … mit jedem Atemzug läuft eine neue Welle vor deinen Füßen im Sand aus … … Dann ziehst du deine Schuhe aus und spazierst am Strand entlang … … Du entdeckst Spuren im Sand … … Spuren, denen du folgst … … Sie sehen genau so aus wie deine eigenen Spuren … … Du überlegst, ob du schon einmal hier warst, denn du hast das Gefühl, dass es tatsächlich deine eigenen Spuren sind, denen du folgst … …
Das Rauschen der Wellen lässt dich träumen … … und am Himmel über dem Meer siehst du deine eigenen Traumbilder wie auf einer riesigen Leinwand … … Du träumst deine eigenen Erinnerungen hier am Strand … … Du siehst Bilder, die dir zeigen, wie deine Beziehung bisher ver-

laufen ist ... ... deine Liebesbeziehung, die bisher geheim war ... ... Zuerst siehst du Bilder des Anfangs ... ... Du siehst, wie ihr beiden euch kennen gelernt habt ... ... euer erstes Zusammentreffen ... ... und im Sand vor dir sind deine Spuren, denen du folgst ... ... Du erinnerst dich an die Anfangszeit der Beziehung und siehst Bilder und Szenen, die dir noch einmal zeigen, wie das war, am Himmel über dem Meer ... ... Vielleicht war es eine stürmische und wilde Zeit ... ... oder Ruhe und Geborgenheit standen ganz im Vordergrund ... ... möglicherweise auch beides ... ... Schau dir die Bilder in Ruhe an ... ...

... ... *[eine gefühlte halbe Minute Zeit geben, dann weiter lesen]* ... ...

... ... Du folgst den Spuren im Sand und entdeckst Bilder, die dir das Leichte und Schöne deiner Beziehung zeigen ... ... die schönen Momente ... ... die intensiven ... ... vielleicht die ganz intimen Momente ... ... Schau dir auch diese Bilder an und betrachte noch einmal, wie das war ... ... Du gehst dabei weiter und folgst deinen eigenen Spuren im Sand ... ... und am Himmel über dem Meer siehst du Bilder der schönen Momente und Augenblicke deiner Beziehung ... ... Schau die Bilder in Ruhe an ... ...

... ... *[eine gefühlte halbe Minute Zeit geben, dann weiter lesen]* ... ...

... ... Im Sand vor dir sind immer noch die Spuren zu sehen ... ... deine eigenen Spuren, denn du bist diesen Weg der Beziehung, den du hier am Meer betrachtest ja bereits gegangen ... ... Das Rauschen der Wellen begleitet dich auf deinem Weg ... ... Du siehst als nächstes Bilder der anstrengenden und schwierigen Momente ... ... auch die hat es schon gegeben ... ... vielleicht Momente, in denen du dir dieser Beziehung nicht wirklich sicher warst ... ... oder dich hin und her gezogen fühltest, keine richtige Entscheidung für oder gegen die Beziehung fällen konntest ... ... möglicherweise auch Zeiten des Stillstandes ... ... Du siehst die Bilder deiner eigenen Erinnerungen am Himmel über dem Meer ... ... wie auf einer riesigen Leinwand deines Lebens ... ... Schau die Bilder in Ruhe an ... ...

... ... *[eine gefühlte halbe Minute Zeit geben, dann weiter lesen]* ... ...

... ... Als nächstes entdeckst du Bilder der letzten Zeit ... ... der letzten Wochen und Tage ... ... Bilder, die dir vor allem zeigen, wie es gerade jetzt in deiner Beziehung aussieht ... ... Verlässlichkeiten aber auch Herausforderungen ... ...

Du schaust dir diese Bilder an und betrachtest deine Beziehung ... ... so wie sie heute ist ... ... Schau dir die Bilder in Ruhe an ... ...

... ... [eine gefühlte halbe Minute Zeit geben, dann weiter lesen] ... ...

... ... Du gehst weiter, denn du hast dir vorgenommen, jetzt zu dieser Beziehung zu stehen ... ... dich zu ihr zu bekennen und die Konsequenzen daraus zu tragen ... ... Dann fällt dir auf, dass du diese Beziehung mit *deinem Partner/deiner Partnerin* lebst, doch es gibt nur deine Spuren im Sand ... ... Du siehst immer nur deine eigenen Spuren, als wärest du diesen Weg alleine gegangen ... ... Wo aber sind die Spuren *deines Partners/deiner Partnerin?* ... ...

... ... Dann wird dir klar, dass es zwar eine gemeinsame Beziehung ist, doch dass eben nur deine eigenen Spuren auf deinem Weg bleiben, wenn die Beziehung im Verborgenen liegt ... ... nur in einer Beziehung, die du auch nach außen zeigst und lebst, können zwei Spuren entstehen, die in die gleiche Richtung gehen ... ... Manchmal liegen die Fußspuren der Paare nahe beieinander, manchmal entfernen sie sich auch voneinander ... ... Es ist sogar möglich, dass sie zeitweise in unterschiedliche Richtungen gehen und später wieder die gleiche einschlagen ... ... Doch

auf deinem Weg ist bisher nur diese eine Spur ...
... deine Spur ... ... Du kommst zu einer Düne ...
... einem Sandberg, der dir den Blick auf den weiteren Weg versperrt ... ... Du stehst genau vor dieser Düne und stehst damit im Augenblick der Gegenwart ... ... Deine Fußspuren enden hier, denn ab hier musst du sie erst hinterlassen, indem du nach vorne gehst ... ... Du läufst so schnell du kannst nach oben auf den Sandberg, der dir hier im Weg ist ... ... und oben angekommen, siehst du, dass auf der anderen Seite *dein Partner/deine Partnerin* steht und auf dich wartet ... ... Du gehst zu *ihm/ihr* und nimmst *seine/ihre* Hand ... ... Das ist der Augenblick der Entscheidung ... ... Du willst diese Liebe nun offen leben ... ... willst dich zu ihr bekennen ...
... Du willst einen gemeinsamen Weg gehen ...
... Und dann geht ihr beide Hand in Hand ... ... Schritt für Schritt gemeinsam ... ... zwei Spuren im Sand ... ... zwei Spuren im Sand ... ...
Du versprichst dir selbst, auf deinem Weg zu bleiben ... ... dein Weg, der nun ein gemeinsamer Weg ist ... ... Du entscheidest dich für zwei Spuren im Sand, damit du diesen beiden Spuren folgen kannst, wenn du zurück kehrst in das Land der Träume ... ... den Spuren deiner Liebe ... ... Die Sonne geht unter, und gemeinsam geht ihr euren Weg in die Stille und Geborgenheit des Abends ... ... Auf dem Weg dorthin denkst du

darüber nach, dass das Land der Träume ganz tief in dir drin ist. Dort war es schon immer. Ich erzähle dir nur davon ... ...

[Deine Gefühle fließen wie sanfter Wind durch deinen Körper. Spüre, wie du mit jedem weiteren Atemzug vom Gefühl zurück zu deinen Gedanken kommst, um wieder hier zu sein. Zurück von deiner Reise machst du dir klar, dass du dich hier im Raum befindest, auf der Unterlage, auf der dein Körper sitzt/liegt. Du bist wieder hier im Raum. Deine Muskeln spannen sich, stellen Arbeitsbereitschaft her und warten darauf, sich wieder zu bewegen. Sobald du denkst, dass du wach genug bist, öffnest du einfach deine Augen.]

Schlusswort

Nachdem Sie die Trancegeschichten gelesen haben, sind sicherlich schon Ideen entstanden, zu welchem Anlass und in welcher Form Sie die eine oder andere Geschichte einmal vorlesen können. Das geht mit allen Geschichten auch ohne speziellen Anlass, einfach so zur Entspannung. Die angesprochenen Themen spielen bei allen Menschen eine Rolle und können keinesfalls Schaden anrichten. Wenn Sie nun überlegen, eigene Geschichten zu schreiben oder auch frei zu formulieren, dann möchte ich Sie ausdrücklich dazu ermuntern. Es steht keine Geheimwissenschaft dahinter und falsch machen können Sie kaum etwas. Wenn Sie verständnisvoll und liebevoll formulieren, gelingt Ihnen auch das Schreiben einer guten Trancegeschichte. Sie werden sehen, wie leicht das ist und wie wirksam und vor allem hilfreich Ihre eigenen Geschichten sein werden.

Buchreihe: Zehn Hypnosen

Zehn Hypnosen. Band 1: Raucherentwöhnung
ISBN: 978-3-7322-4733-2

Zehn Hypnosen. Band 2: Angst und Unruhezustände
ISBN: 978-3-7322-4734-9

Zehn Hypnosen. Band 3: Burn Out
ISBN: 978-3-7322-4717-2

Zehn Hypnosen. Band 4: Übergewicht reduzieren
ISBN: 978-3-7322-4569-7

Zehn Hypnosen. Band 5: Vergangenheitsbewältigung
ISBN: 978-3-7322-4719-6

Zehn Hypnosen. Band 6: Suizidgedanken und Suizidversuche
ISBN: 978-3-7322-4722-6

Zehn Hypnosen. Band 7: Psychoonkologie
ISBN: 978-3-7322-4725-7

Zehn Hypnosen. Band 8: Zwänge und Tics
ISBN: 978-3-7322-4726-4

Zehn Hypnosen. Band 9: Selbstvertrauen und Entscheidungen
ISBN: 978-3-7322-4727-1

Zehn Hypnosen. Band 10: Trauerarbeit
ISBN: 978-3-7322-4729-5

Zehn Hypnosen. Band 11: Psychosomatik
ISBN: 978-3-7322-8515-0

Zehn Hypnosen. Band 12: Chronische Schmerzen
ISBN: 978-3-7322-8527-3

Zehn Hypnosen. Band 13: Depressive Gedanken
ISBN: 978-3-7322-8528-0

Zehn Hypnosen. Band 14: Panikanfälle
ISBN: ISBN: 978-3-7322-8533-4

Zehn Hypnosen. Band 15: Gewalterfahrungen
ISBN: 978-3-7322-8535-9

Zehn Hypnosen. Band 16: Posttraumatischer Stress
ISBN: 978-3-7322-8538-9

Zehn Hypnosen. Band 17:
Prüfungsangst und Lampenfieber *ISBN: 978-3-7322-8546-4*

Zehn Hypnosen. Band 18: Anti-Gewalt-Training
ISBN: 978-3-7322-8549-5

Zehn Hypnosen. Band 19: Suchttendenzen
ISBN: 978-3-7322-8550-1

Zehn Hypnosen. Band 20: Soziale Phobie und Kontaktangst
ISBN: 978-3-7322-8557-0

Weitere Hypnosebücher

Die große Hypnosekartei. Textbausteine für Hypnosen
ISBN: 978-3-7322-8634-8

Selbsthypnose. Das Praxisbuch *ISBN: 978-3-7322-4667-0*

Hypnose kreativ gestalten. Anleitungen für die Praxis
ISBN: 978-3-8448-0308-2

Hypnosepraxis. Ein Leitfaden der Trancearbeit
ISBN: 978-3-8370-7629-5

Reframing in Trance. Perspektiven mit Hypnose ändern
ISBN: 978-3-8370-7639-4

Rückführungen. Leitfaden der Reinkarnationstherapie
ISBN: 978-3-8370-7642-4

Der Hypnosebaukasten. Textbausteine und Anleitungen
ISBN: 978-3-8391-8109-6

Grundkurs Hypnose *ISBN: 978-3-8391-0170-4*

Suggestionen richtig formulieren. 10 Minimax-Techniken
für Hypnotiseure *ISBN 978-3-8370-9519-7*

Suggestionstexte und Hypnosevorlagen

Hypnosetexte 1. 50 ausformulierte Suggestionstexte für den Hypnosehauptteil *ISBN: 978-3-7322-4658-8*

Hypnosetexte 2. 50 ausformulierte Suggestionstexte für den Hypnosehauptteil *ISBN: 978-3-7322-4659-5*

Hypnosetexte 3. 50 ausformulierte Suggestionstexte für den Hypnosehauptteil *ISBN: 978-3-7322-4660-1*

Hypnosetexte 4. 50 ausformulierte Suggestionstexte für den Hypnosehauptteil *ISBN: 978-3-7322-4665-6*

Hypnosetexte 5. 50 ausformulierte Suggestionstexte für den Hypnosehauptteil *ISBN: 978-3-7322-8631-7*

Fantasiereisen und Trancegeschichten

Fang wieder an zu leben. Trancegeschichten
ISBN: 978-3-7322-4695-3

Wellen am Horizont. Trancegeschichten
ISBN: 978-3-8391-1394-3

Heilsame Fantasien. Trancegeschichten
ISBN: 978-3-8391-0899-4

Spiegelbilder im See. Trancegeschichten
ISBN: 978-3-7322-9736-8

Feuer am Wasserfall. Trancegeschichten
ISBN: 978-3-7322-9782-5

Frieden mit dem inneren Kind. Trancegeschichten
ISBN: 978-3-7357-8853-5

Heilpraktikerbücher

Heilpraktiker für Psychotherapie. Prüfungswissen
ISBN: 978-3-8334-9867-1

Heilpraktiker für Psychotherapie. Die mündliche Prüfung
ISBN: 978-3-8334-9868-8

Heilpraktiker für Psychotherapie. Die schriftliche Prüfung
ISBN: 978-3-8370-0347-5

Heilpraktiker für Psychotherapie. 20 Fallbeispiele
ISBN: 978-3-8370-1090-0

Endlich Heilpraktiker. Die häufigsten Irrtümer in der Psychotherapieprüfung *ISBN: 978-3-8370-0329-1*

Übungsaufgaben Psychotherapie. Zur Vorbereitung auf den kleinen Heilpraktiker *ISBN: 978-3-8370-0683-4*

Crashtest Psychotherapie. Zur Vorbereitung auf den kleinen Heilpraktiker *ISBN: 978-3-8370-0709-1*

Spezialtest Psychotherapie. Für kleine und große Heilpraktiker *ISBN: 978-3-8370-5838-3*

Heilpraktikerprüfung Psychotherapie. 200 kommentierte Aufgaben *ISBN: 978-3-8370-6017-1*

Diagnosetraining Psychotherapie. Ein Arbeits- und Nachschlagebuch *ISBN: 978-3-8370-4281-8*

Psychotherapie. Der Fragenkatalog. Fachwissen Heilkunde
ISBN: 978-3-8370-5396-8